PAPYRUS

DE GIETER.
À MES PETITS FILS
CHARLES ET PHILIPPE

L'ORACLE

COULEURS : V. GROBET

DUPUIS

www.papyrus.kidcomics.com

Dépôt légal : mai 2008 — D.2008/0089/23
ISBN 978-2-8001-4037-7 — ISSN 0771-8969

Imprimé en Belgique.
www.dupuis.com

À quelques heures de Thèbes, l'ancienne cité
d'Elkab, consacrée au dieu Thot est depuis des
temps immémoriaux le siège de la légitimité
du pouvoir pharaonique
C'est là que commence notre histoire...
L'ORACLE DE THOT
Depuis une lune, chaque jour, les
prêtres et les gardiens se
réunissent dans la grande
salle du temple...
Pour entendre **LA VOIX...**
DE GIETER

Silencieux, le peuple pétrifié fixe la statue du dieu qui, dans la pénombre, se dresse au-dessus de la foule, et soudain...
LE TEMPS DE MAÂT* EST ARRIVÉ, RIEN NE PEUT ARRÊTER LA VÉRITÉ!
MALHEUR À QUI FERME SON COEUR À LA VOIX DES DIEUX!
MALHEUR SUR L'ÉGYPTE SI LES SENTENCES DES DIEUX RESTENT SANS ÉCHO!...
LE RÈGNE DE L'USURPATEUR TOUCHE À SA FIN!!
* MAÂT: DÉESSE DE LA JUSTICE.
Thèbes, la montagne d'Occident.
DE GIETER

Encore un petit effort!
Ça va si mal entre Shepta et toi que tu sois amené à m'accompagner dans mes inspections?
Non! Non! Pas du tout! On s'adore, mais elle n'a que moi... alors elle me suit partout... elle veut tout savoir... tout décider...
Alors quand je peux lui échapper... prendre un peu de distance! Hi! Hi! Hi!
Mouais! Fallait-il pour cela que tu emmènes Kamelot avec toi?
Ben... Kamelot est un peu jaloux de Shepta, elle le houspille tout le temps!...
Je suis chargé d'une inspection discrète. Avec vous deux sur les bras, c'est réussi!
Il refuse de rester avec elle, alors je l'emmène!
Kamelot est très discret!
HI! HAN!
HI! HAN!
HI! HAN!
HI! HAN!
HI! HAN!
HI! HAN!
Fichu âne!... Nous rentrons!
DE GIETER

AAAAH!
?
Quille! Aïe!!
Imhoutep! Ça va?
Oui! Rien de cassé, mais le trou est profond, je ne peux pas remonter!
Attends, j'ai ce qu'il faut!
Comme ça... tu peux attraper la corde?
Trop courte de deux coudées!*
* 2 x 0,45 cm.
J'ai une idée. Kamelot, viens par ici!
Kamelot? Qu'est-ce que tu fais?
DE GIETER
4

Kamelot, viens ici! Ne fais pas ta mauvaise tête!
Par Horus! Qu'est-ce qui se passe?
Il se passe que Kamelot ne veut pas collaborer. Tu l'as vexé et il boude!
Il faut que tu lui fasses des excuses!
Des excuses?... A un âne?
Pardon, Kamelot!
Mieux que ça!
Kamelot... je te demande pardon pour avoir critiqué ta présence... Sois gentil, aide Pouin à me sortir de ce trou!...
...s'il te plaît!
Alors?...
Ça y est! Je tiens la corde, hissez-moi!
5
DE GIETER

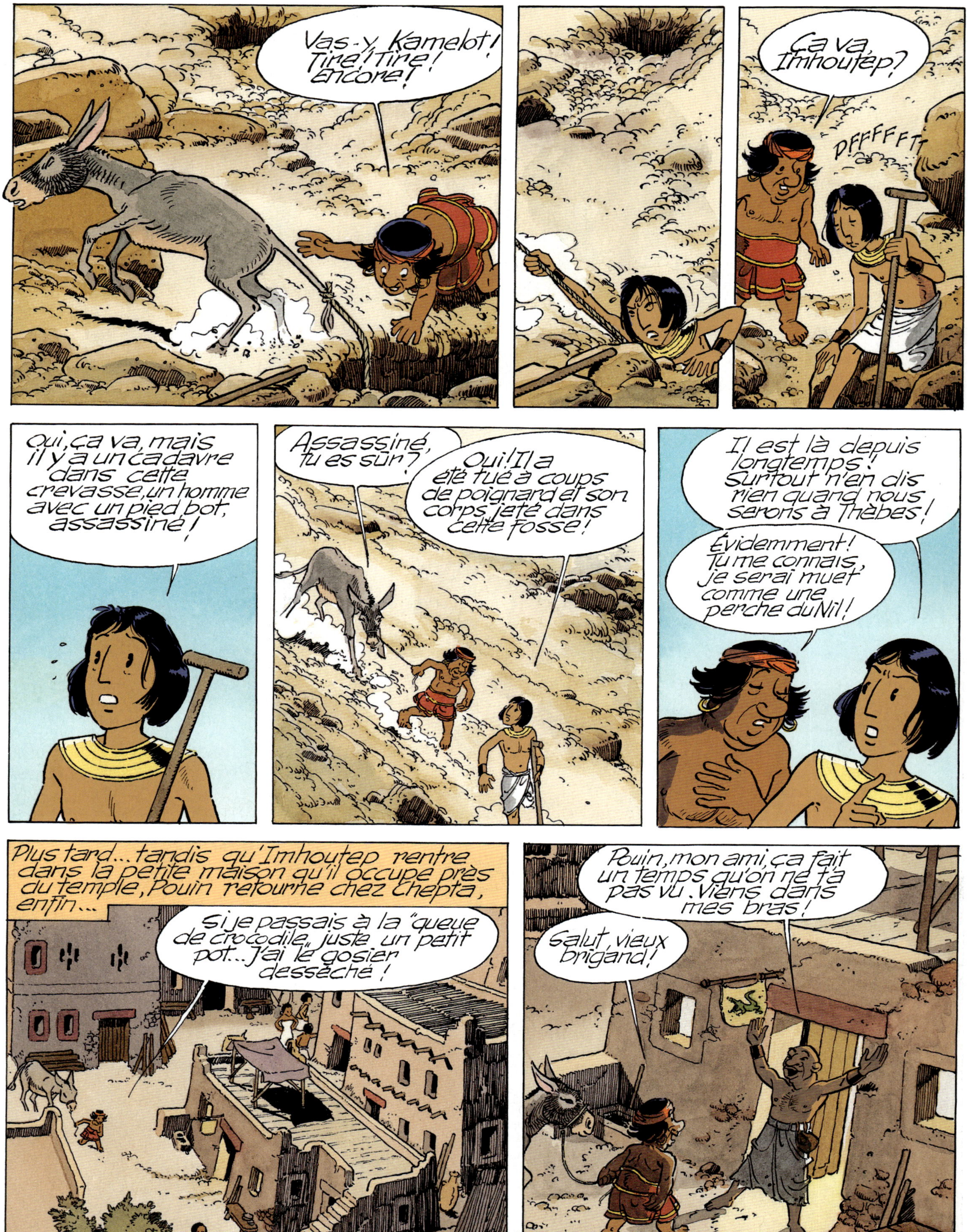

Vas-y, Kamelot! Tire! Tire! Encore!
Ça va, Imhoutep?
PFFFFFT
Oui, ça va, mais il y a un cadavre dans cette crevasse, un homme avec un pied bot, assassiné!
Assassiné, tu es sûr?
Oui! Il a été tué à coups de poignard et son corps jeté dans cette fosse!
Il est là depuis longtemps! Surtout n'en dis rien quand nous serons à Thèbes!
Évidemment! Tu me connais, je serai muet comme une perche du Nil!
Plus tard... tandis qu'Imhoutep rentre dans la petite maison qu'il occupe près du temple, Pouin retourne chez Chepta, enfin...
Si je passais à la "queue de crocodile" juste un petit pot... J'ai le gosier desséché!
Pouin, mon ami, ça fait un temps qu'on ne t'a pas vu. Viens dans mes bras!
Salut, vieux brigand!
6
DE GIETER

A' ta santé, Pouin!
Hé! Hé! Hé!
Et quelques chopes plus tard...
A' ta Chanté Pata... thra... hips!...
Ha! Ha! Ha! Alors! Qu'est-ce que tu deviens?
Chuuut! Ch'est un ch...ecret. Imhoutep et moi, on a découvert un cadavre dans la hips!... montagne!
Un cadavre?
UN HOMME ACHASSINÉ! OUI, MOSIEUR! ...AVEC UN PIED... HIPS! UN PIED BOT... MAIS... silenche! Personne ne doit chavoir... promis... hein... hic!?
Promis!
Allez, Chalut... et Chi... hic! silence!
Salut, Pouin!
Ka... Kamelot?... Hips!... Où tu... te caches?
?
7 DE GIETER

* D'accord, le dialogue n'est pas terrible, mais c'est toujours comme ça entre les amoureux...

!
SECOUREZ-MOI!
Je suis poursuivi par un monstrueux géant. Il veut ma mort!
Il faut me cacher!
Non! Non et non! Assez d'histoires de monstres et de géants! Je veux vivre paisiblement avec Théti-Chéri!
Mais, Papyrus, laisse-le parler!
En quelques mots hachés par l'émotion, Pouin raconte ses découvertes avec Imhoutep.
Un homme avec un pied bot, assassiné dis-tu?
C'est très rare ce genre de malformation!
Set-hir Kopshep, le frère aîné de Pharaon a disparu il y a plus de dix ans... il avait un pied bot. C'est lui qui devait régner!...
Il faut chercher à qui profite le crime!
QUOI!? Tu accuses mon père d'avoir assassiné son frère pour prendre sa place!?
Mais... Je... Je n'ai pas dit ça!
Si, tu l'as dit! C'est scandaleux! Monstrueux! Je ne veux plus te voir! Tu es un misérable!...
Mais Théti... je t'assure!
9
DE GIETER

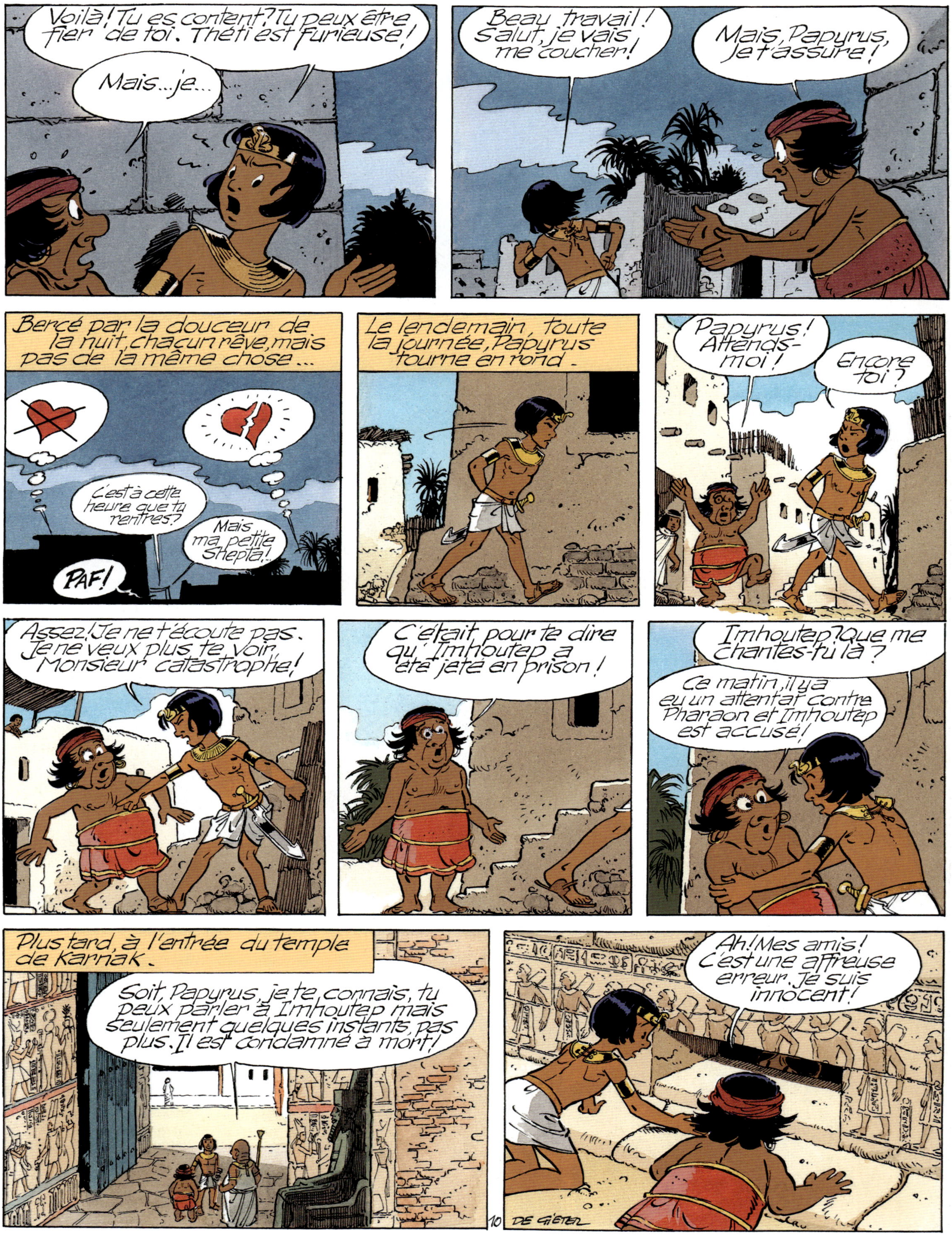
Voilà! Tu es content? Tu peux être fier de toi. Théti est furieuse!
Mais...je...
Beau travail! Salut, je vais me coucher!
Mais, Papyrus, je t'assure!
Bercé par la douceur de la nuit, chacun rêve, mais pas de la même chose...
C'est à cette heure que tu rentres?
Mais ma petite Shepta!
PAF!
Le lendemain, toute la journée, Papyrus tourne en rond.
Papyrus! Attends-moi!
Encore toi?
Assez! Je ne t'écoute pas. Je ne veux plus te voir, Monsieur catastrophe!
C'était pour te dire qu'Imhoutep a été jeté en prison!
Imhoutep? Que me chantes-tu là?
Ce matin, il y a eu un attentat contre Pharaon et Imhoutep est accusé!
Plus tard, à l'entrée du temple de Karnak.
Soit, Papyrus, je te connais, tu peux parler à Imhoutep mais seulement quelques instants, pas plus. Il est condamné à mort!
Ah! Mes amis! C'est une affreuse erreur. Je suis innocent!
10 DE GIETER

Tôt ce matin, Pharaon est venu de Louxor inspecter les travaux que nous avons entrepris au temple du dieu Konsou.
Place à Pharaon, vie force, santé!
Comme directeur des travaux, c'est à moi qu'est revenu l'honneur de guider le Roi...
...mais au moment de franchir la porte de la salle hypostyle, le porte-flabellum a poussé un cri...
SEIGNEUR!
Un énorme bloc de pierre s'est écrasé à nos pieds.
ATTENTION!
Un prêtre s'est précipité sur le toit. Il prétend avoir trouvé les traces d'un pied... et d'une béquille cassée. Il a vu un homme... mon complice, s'enfuir!
DE GIETER
11

Ils m'ont condamné!
Ça confirme mes soupçons, vous avez découvert un terrible secret...
...et ce n'est pas Pharaon mais toi qui étais visé par cet attentat!
Hier Pouin, aujourd'hui toi!
Alors vous êtes en danger. Ne restez pas ici, sauvez-vous s'il est encore temps!
Il faut se jeter aux pieds de Pharaon!
Si c'est lui l'instigateur, c'est se précipiter dans la gueule du lion!
On pourrait supplier Théti!
Bah!
Il faut quitter Thèbes au plus vite!
Pas sans avoir tout essayé pour sauver Imhoutep!
Impossible de le sortir des geôles du temple!
Toute la journée, nos deux compères ont échafaudé les plans les plus invraisemblables pour sauver Imhoutep.
...faire boire un somnifère aux prêtres!
...Mettre le feu au temple!
...se déguiser en militaire!
...Tu te tonds les cheveux et tu entres comme novice!
...Je me déguise en momie!
Aussi cette nuit-là...
DE GIETER

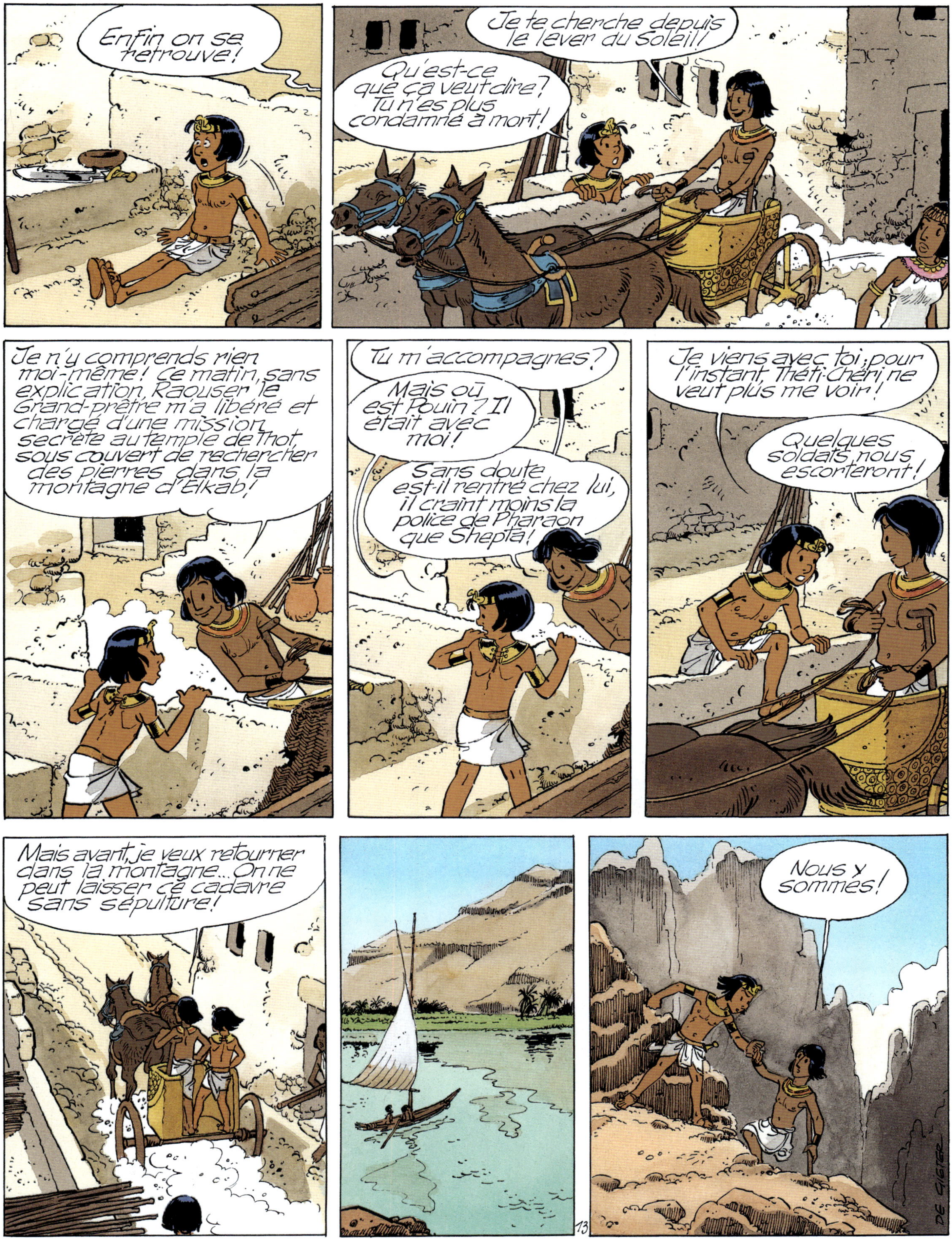
Enfin on se retrouve!
Je te cherche depuis le lever du Soleil!
Qu'est-ce que ça veut dire? Tu n'es plus condamné à mort!
Je n'y comprends rien moi-même! Ce matin, sans explication, Raouser le Grand-prêtre m'a libéré et chargé d'une mission secrète au temple de Thot sous couvert de rechercher des pierres dans la montagne d'Elkab!
Tu m'accompagnes?
Mais où est Pouin? Il était avec moi!
Sans doute est-il rentré chez lui, il craint moins la police de Pharaon que Shepta!
Je viens avec toi, pour l'instant, Théti-Chéri ne veut plus me voir!
Quelques soldats nous escorteront!
Mais avant, je veux retourner dans la montagne... On ne peut laisser ce cadavre sans sépulture!
Nous y sommes!

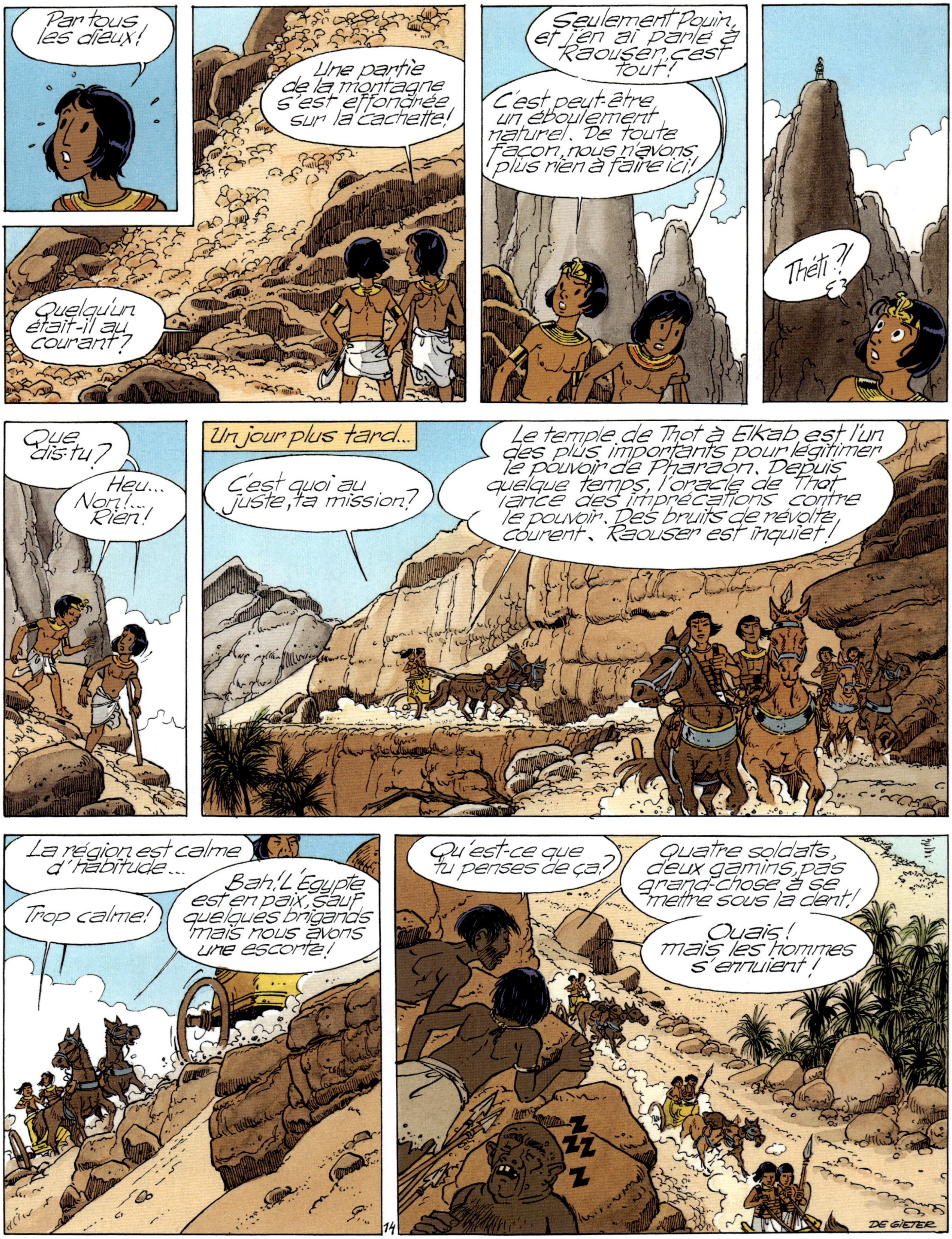
Par tous les dieux!
Une partie de la montagne s'est effondrée sur la cachette!
Quelqu'un était-il au courant?
Seulement Pouin, et j'en ai parlé à Raouser, c'est tout!
C'est peut-être un éboulement naturel. De toute façon, nous n'avons plus rien à faire ici!
Théti?!
Que dis-tu?
Heu... Non!... Rien!
Un jour plus tard...
C'est quoi au juste, ta mission?
Le temple de Thot à Elkab est l'un des plus importants pour légitimer le pouvoir de Pharaon. Depuis quelque temps, l'oracle de Thot lance des imprécations contre le pouvoir. Des bruits de révolte courent. Raouser est inquiet!
La région est calme d'habitude...
Trop calme!
Bah! L'Égypte est en paix, sauf quelques brigands mais nous avons une escorte!
Qu'est-ce que tu penses de ça?
Quatre soldats, deux gamins, pas grand-chose à se mettre sous la dent!
Ouais! mais les hommes s'ennuient!
ZZZ
14
DE GIETER

Nous sommes ici pour rechercher de nouveaux filons calcaires dans la montagne?
Oui! Il faudra trouver un prétexte pour entrer dans le temple sans éveiller les soupçons!
Sans sauf-conduit, ce sera difficile!
?
NOUS SOMMES ATTAQUÉS! COUVREZ-VOUS! ÇA VIENT DE LÀ-HAUT!
Foncez avec les chevaux!
Impossible! Ils ont bloqué la route!
Il faut faire demi-tour!
Avec un blessé?
HA! HA! HA!
Vous êtes cernés! Abandonnez armes, chars, et chevaux et filez si vous ne voulez pas être massacrés!
AAAAH!
15
DE GIETER

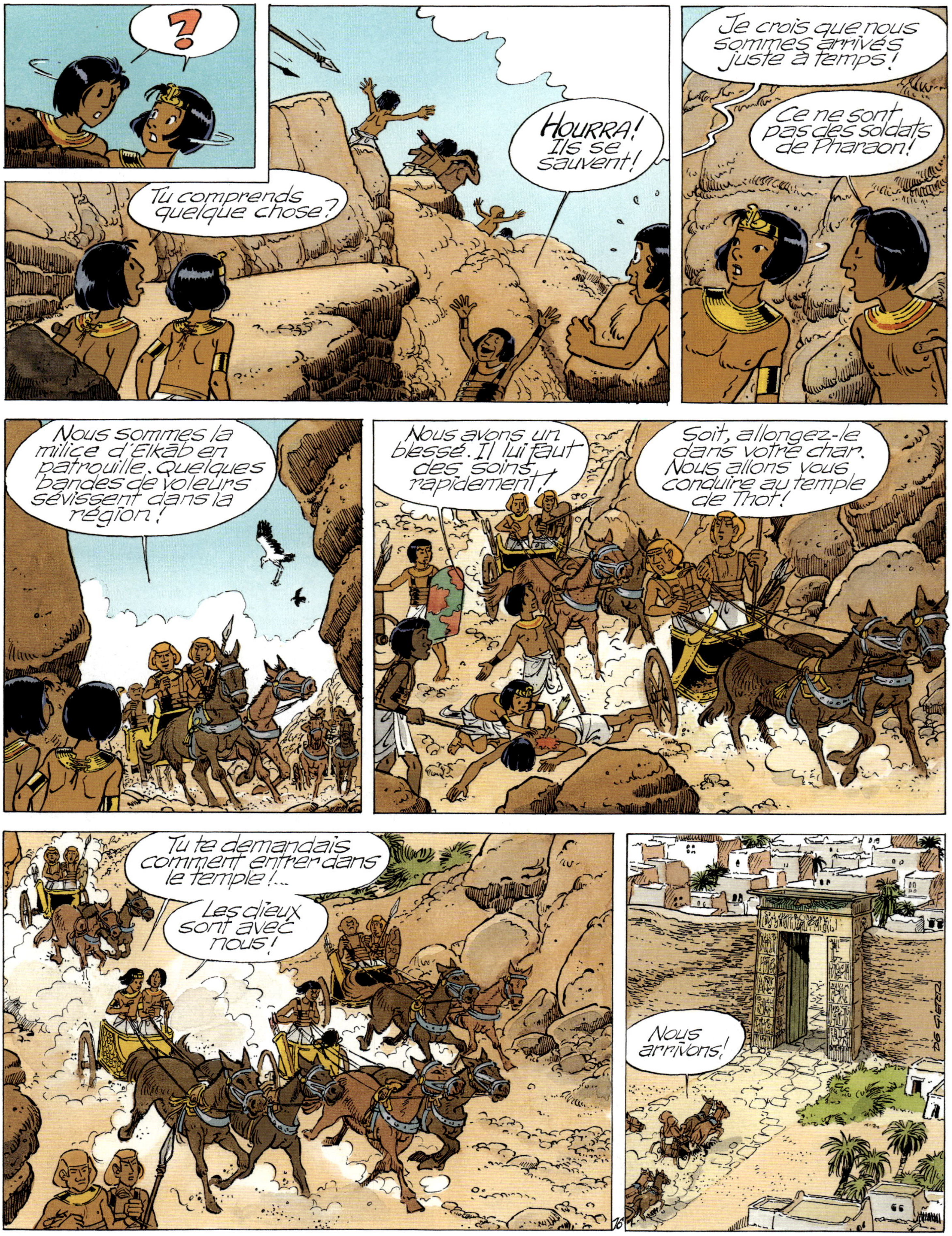
?
Tu comprends quelque chose?
HOURRA! Ils se sauvent!
Je crois que nous sommes arrivés juste à temps!
Ce ne sont pas des soldats de Pharaon!
Nous sommes la milice d'Elkab en patrouille. Quelques bandes de voleurs sévissent dans la région!
Nous avons un blessé. Il lui faut des soins rapidement!
Soit, allongez-le dans votre char. Nous allons vous conduire au temple de Thot!
Tu te demandais comment entrer dans le temple!...
Les dieux sont avec nous!
Nous arrivons!

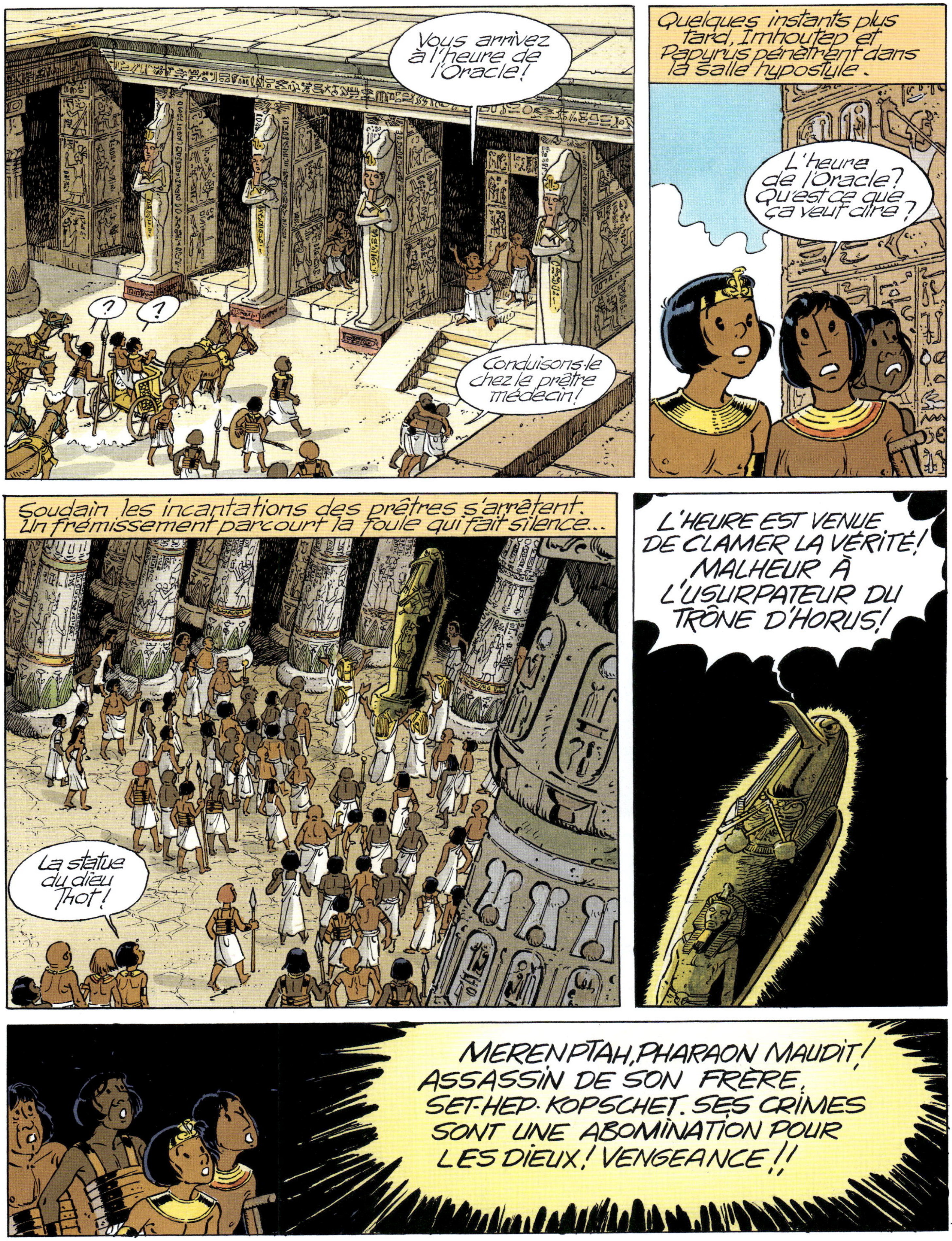
Vous arrivez à l'heure de l'Oracle!
?
?
Conduisons-le chez le prêtre médecin!
Quelques instants plus tard, Imhoutep et Papyrus pénètrent dans la salle hypostyle.
L'heure de l'Oracle? Qu'est-ce que ça veut dire?
Soudain les incantations des prêtres s'arrêtent. Un frémissement parcourt la foule qui fait silence...
La statue du dieu Thot!
L'HEURE EST VENUE DE CLAMER LA VÉRITÉ! MALHEUR À L'USURPATEUR DU TRÔNE D'HORUS!
MERENPTAH, PHARAON MAUDIT! ASSASSIN DE SON FRÈRE, SET-HEP-KOPSCHET. SES CRIMES SONT UNE ABOMINATION POUR LES DIEUX! VENGEANCE!!
17

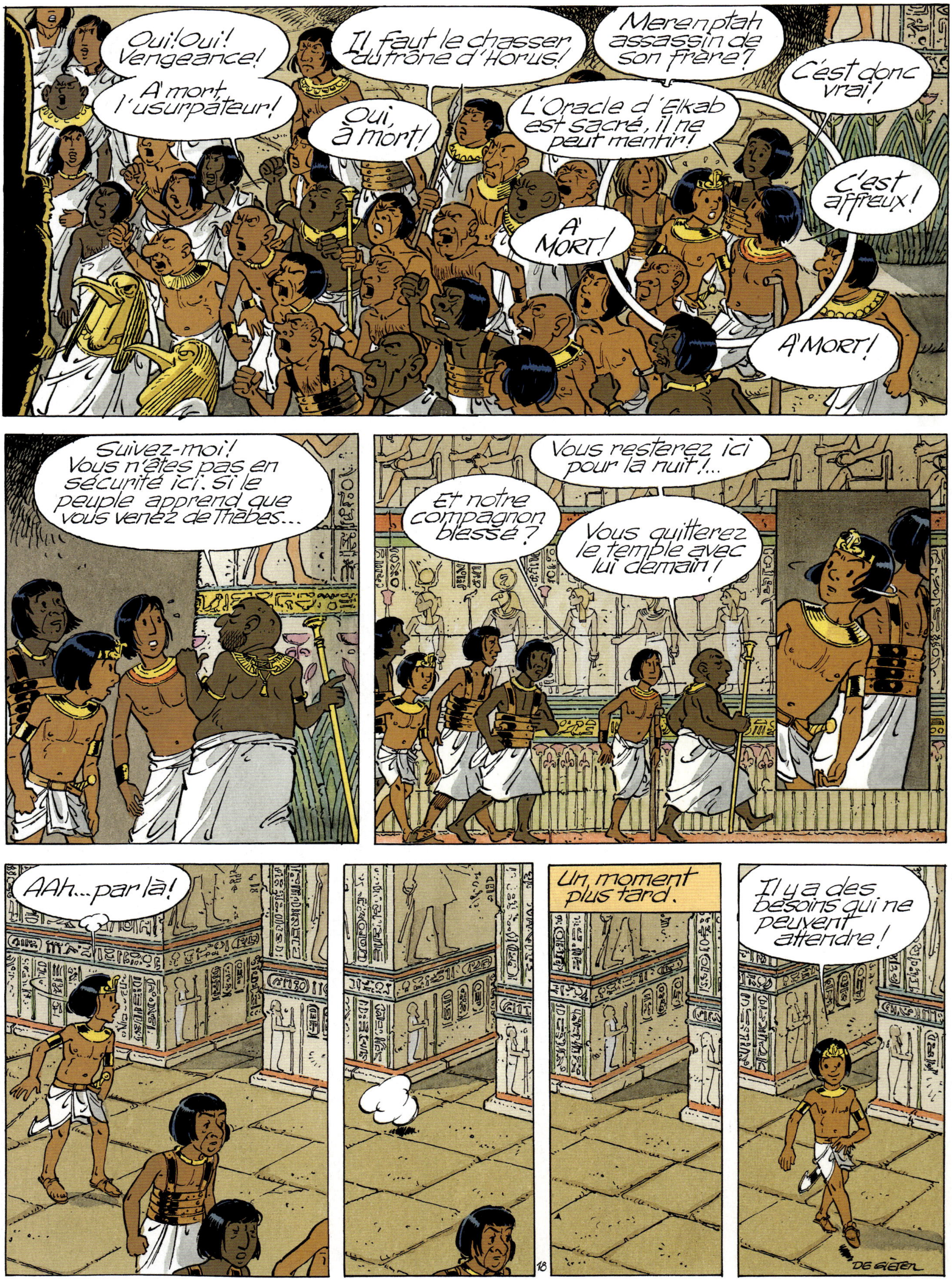
Oui! Oui! Vengeance!
A'mort, l'usurpateur!
Oui, à mort!
Il faut le chasser du trône d'Horus!
Merenptah assassin de son frère?
L'Oracle d'Elkab est sacré, il ne peut mentir!
C'est donc vrai!
C'est affreux!
A' MORT!
A'MORT!
Suivez-moi! Vous n'êtes pas en sécurité ici. Si le peuple apprend que vous venez de Thèbes...
Vous resterez ici pour la nuit!...
Et notre compagnon blessé?
Vous quitterez le temple avec lui demain!
AAh... par là!
Un moment plus tard.
Il y a des besoins qui ne peuvent attendre!
DE GIETER

Le père de Théti, un assassin!... L'Oracle a parlé... Je ne peux pas croire que Théti était au courant...
Pourquoi sa colère?
Par Isis! Si elle est en danger?. Je dois la prévenir!
Mais... Où sont les autres?
Personne?
AAAh! voilà quelqu'un!
Encore disparu?
Ha!Ha!Ha!. ... Entre, Haya... tu as p... tement tenu ton rôle... comme...
?
...Oracle... M... t... travail n'est pas fini... les prêtres du... doivent... ...mission de répandre la malédiction sur Merenptah ...Il...
est temps de proclamer le nom du vrai Pharaon et de les envoyer du delta à Philae pour soulever le peuple..
Va reprendre ta place, demain tout sera joué!
DE GIETER
19

Va, Haya, accomplin ta mission sacrée ! Ha!Ha!Ha!
Le suivre!
Par Horus ! On vient !
AMENMÈS ? Le frère du Roi. Je le choyais banni... Je commence à comprendre!
Fermé !
Impossible de passer... À moins que...

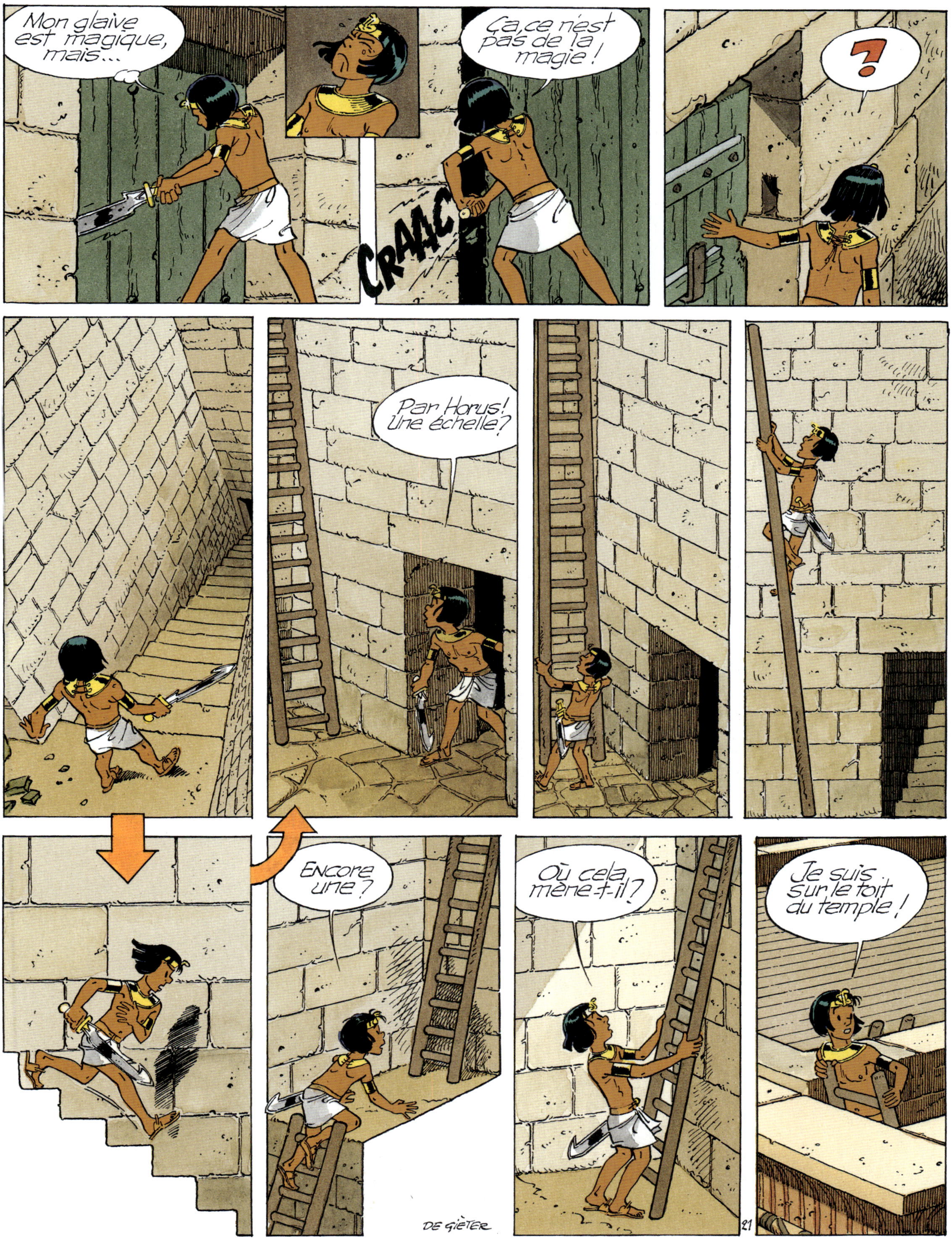
Mon glaive est magique, mais...
Ça, ce n'est pas de la magie !
CRAAC
?
Par Horus! Une échelle?
Encore une ?
Où cela mène-t-il?
Je suis sur le toit du temple !
DE GIETER

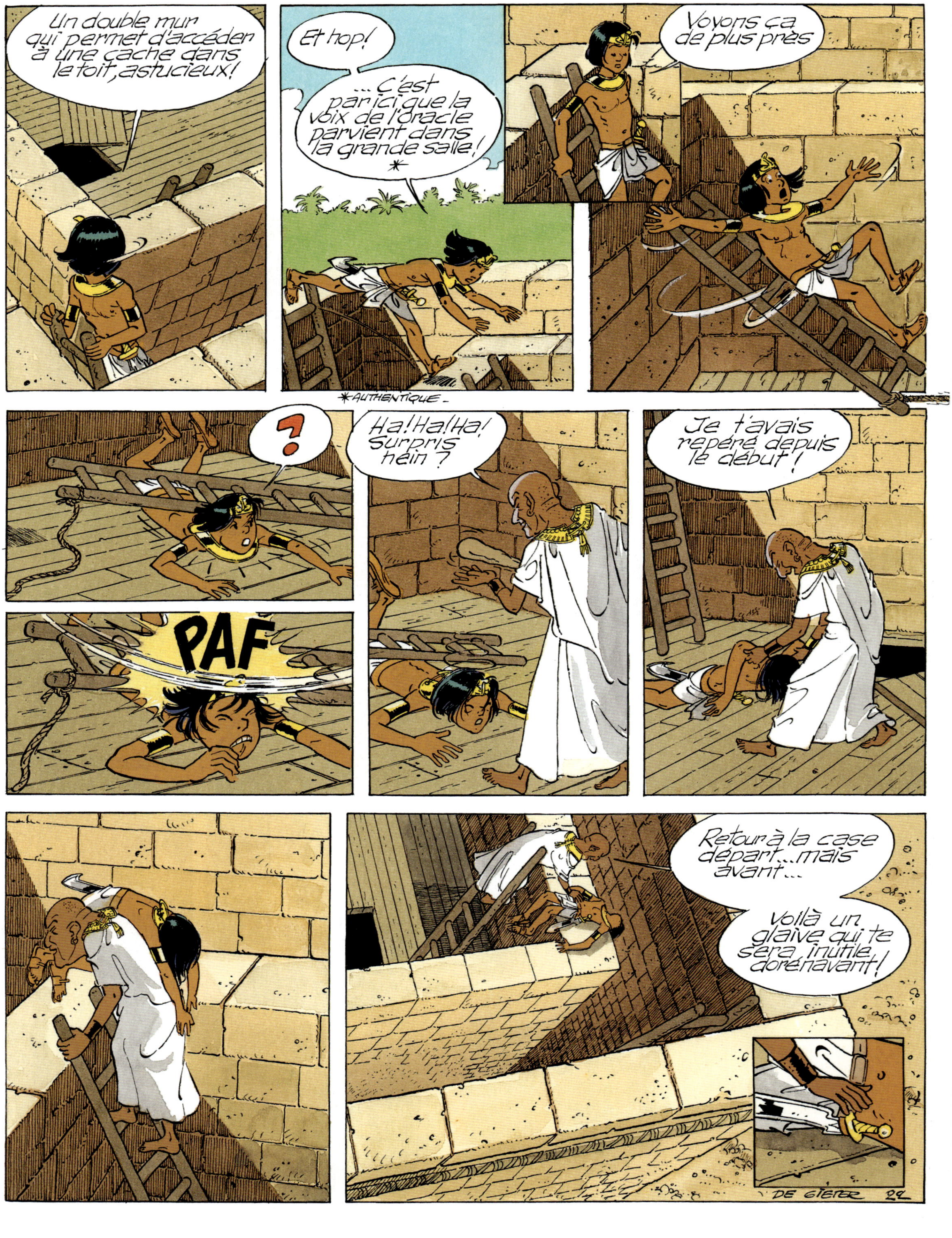
Un double mur qui permet d'accéder à une cache dans le toit, astucieux!
Et hop!
... C'est par ici que la voix de l'oracle parvient dans la grande salle! *
Voyons ça de plus près
* AUTHENTIQUE -
?
PAF
Ha! Ha! Ha! Surpris hein ?
Je t'avais repéré depuis le début!
Retour à la case départ... mais avant...
Voilà un glaive qui te sera inutile dorénavant!
DE GIETER 22

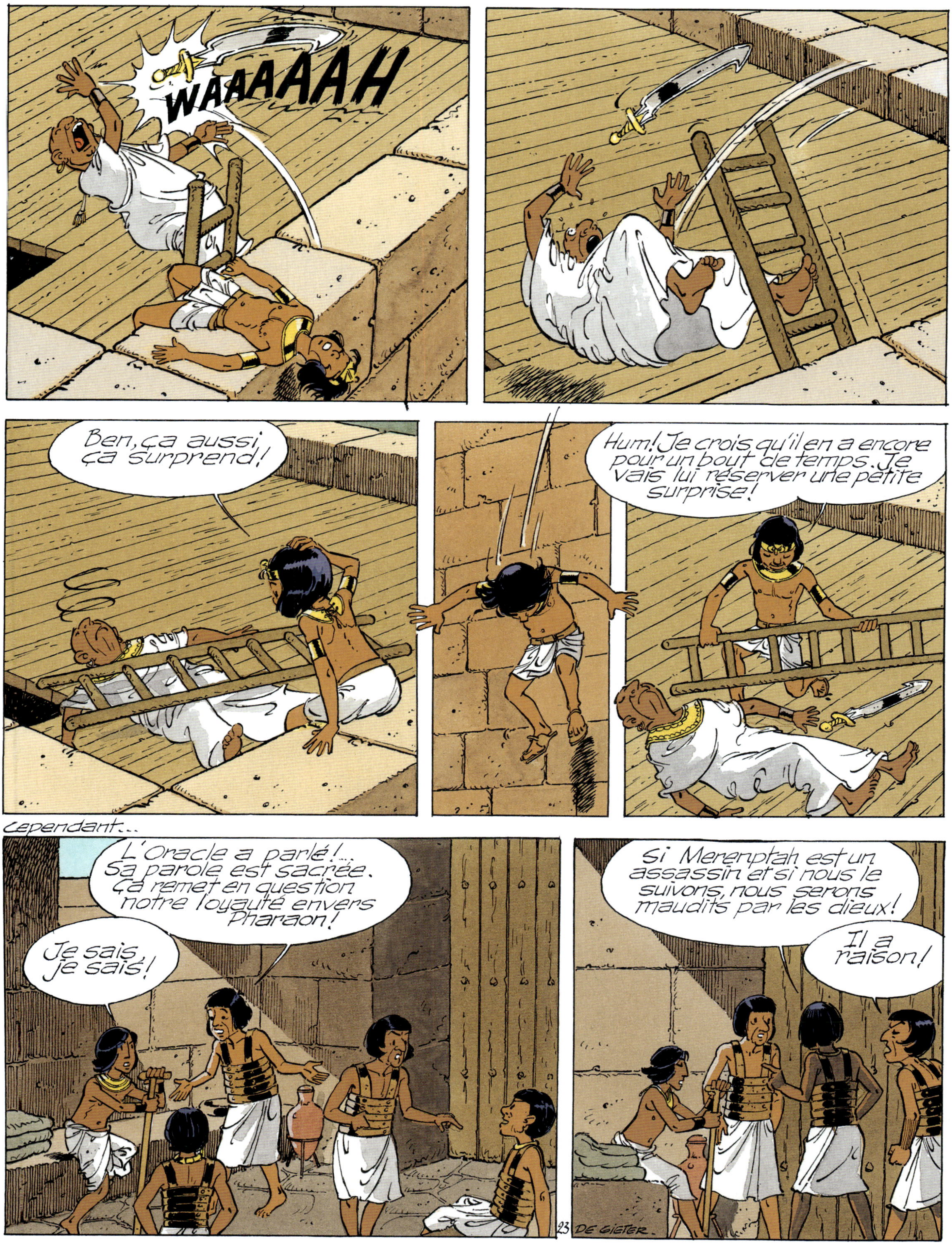
WAAAAAH
Ben, ça aussi ça surprend!
Hum! Je crois qu'il en a encore pour un bout de temps. Je vais lui réserver une petite surprise!
Cependant...
L'Oracle a parlé!... Sa parole est sacrée. Ça remet en question notre loyauté envers Pharaon!
Je sais, je sais!
Si Merenptah est un assassin et si nous le suivons, nous serons maudits par les dieux!
Il a raison!
23 DE GIETER

Et Papyrus qui a disparu !
Seigneur Imhoutep, que faut-il faire ?
Il faut quitter ce temple au plus vite !
Rejoindre Thèbes !...
Restons calmes. Pour l'instant, nous sommes consignés ici. La nuit tombe, le mieux est de dormir. Nous aviserons demain !
Mais cette nuit-là, tourmentés par toutes ces révélations, peu d'entre-eux dorment.
Tout le monde debout !
Suivez-moi ! Je vais vous conduire devant le Grand-prêtre du temple. Votre ami blessé a été soigné. Il vous attend !
Ça ira ?
Pourquoi nous avoir enfermés ?
Oui, la blessure n'est pas trop grave !
Pour votre protection, nous vous avons confinés dans une cellule du temple. Votre présence ici a provoqué quelques remous parmi les prêtres et les gardes !
DE GIETER

Place à Rametiou!
C'est le Grand-prêtre du temple!
Ainsi vous êtes les envoyés de Thèbes! Bien! Vous pourrez informer le Grand-prêtre des évènements dont vous serez témoins!
Vous allez nous accompagner et recevoir du dieu lui-même sa parole sacrée. Aujourd'hui, nous invoquerons l'Oracle afin de connaître de sa bouche le nom du seul vrai Pharaon!
N'est-ce pas Amenmès, un des frères de Merenptah* qui accompagne le Grand-prêtre?
Oui, je pense que c'est lui. Je le croyais banni!
DE GIETER
* voir L'Oeil de Rê.
O Oracle divin! Eclaire-nous par ta parole! Qui est le vrai Pharaon?
95

Un long moment, la question reste sans réponse et soudain...
LA VÉRITÉ SEULE SORT DE MA BOUCHE, RAMETIOU ! TU AS OSÉ TE SERVIR DE MON NOM POUR RÉPANDRE TES MENSONGES !
ASSEZ DE FAUX ORACLES ! MERENPTAH EST LE PHARAON DES DEUX TERRES...
ET AMENMÈS N'EST QU'UN USURPATEUR, BÂTARD ET CRIMINEL !
!
Qu'est-ce que ça veut dire ?
REGARDE, RAMETIOU, voilà TA CRÉATURE !
CLAP
CELLE QUI SE SERT DE MON NOM POUR RÉPANDRE TON MESSAGE TROMPEUR !
DE GIETER.
AAAAAH!
96
COMME LA VÉRITÉ !
Il est tout nu ?

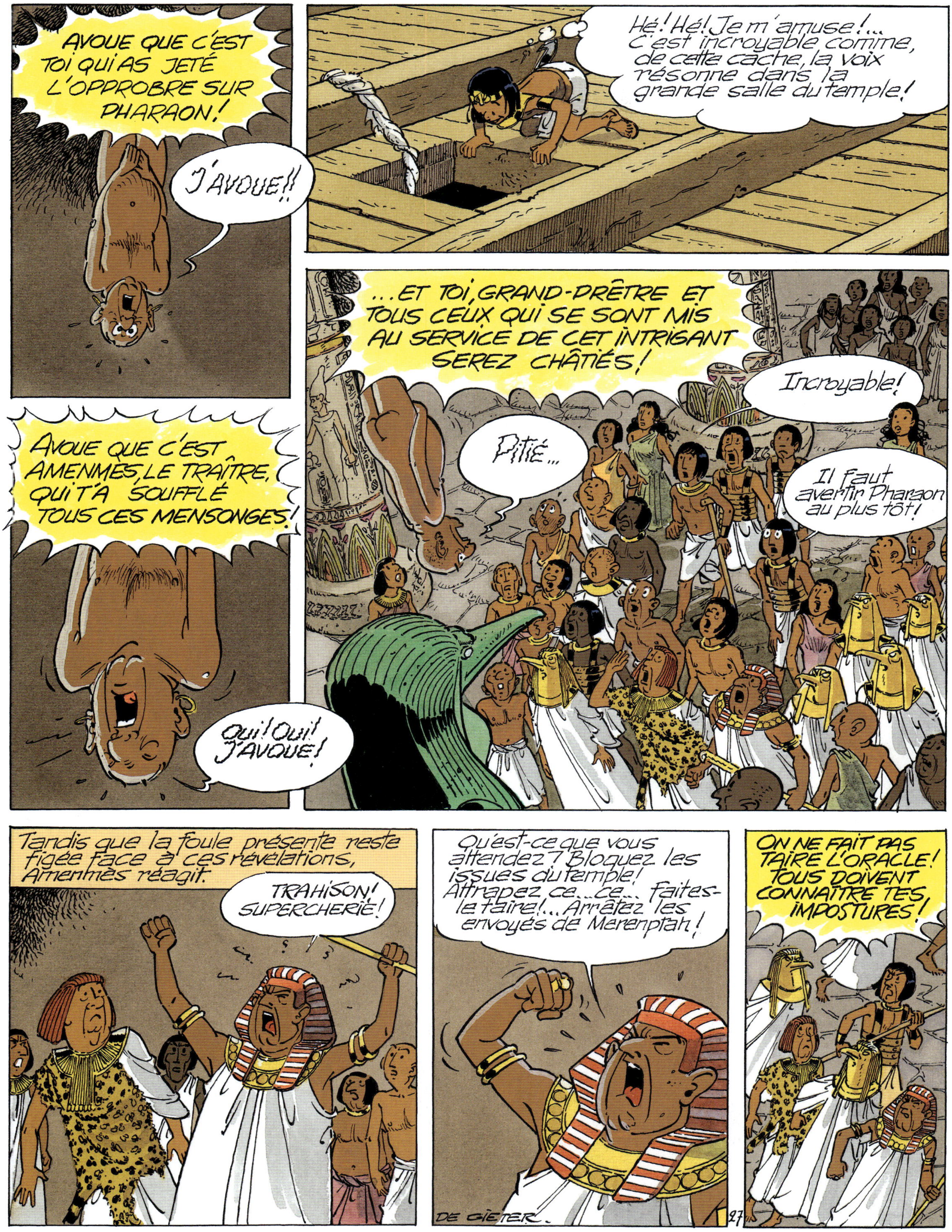
AVOUE QUE C'EST TOI QUI AS JETÉ L'OPPROBRE SUR PHARAON!
J'AVOUE!!
Hé! Hé! Je m'amuse!... C'est incroyable comme, de cette cache, la voix résonne dans la grande salle du temple!
AVOUE QUE C'EST AMENMÈS, LE TRAÎTRE, QUI T'A SOUFFLÉ TOUS CES MENSONGES!
Oui! Oui! J'AVOUE!
...ET TOI, GRAND-PRÊTRE ET TOUS CEUX QUI SE SONT MIS AU SERVICE DE CET INTRIGANT SEREZ CHÂTIÉS!
Pitié...
Incroyable!
Il faut avertir Pharaon au plus tôt!
Tandis que la foule présente reste figée face à ces révélations, Amenmès réagit.
TRAHISON! SUPERCHERIE!
Qu'est-ce que vous attendez? Bloquez les issues du temple! Attrapez ce... ce... Faites-le taire!... Arrêtez les envoyés de Merenptah!
ON NE FAIT PAS TAIRE L'ORACLE! TOUS DOIVENT CONNAÎTRE TES IMPOSTURES!
DE GIETER
27

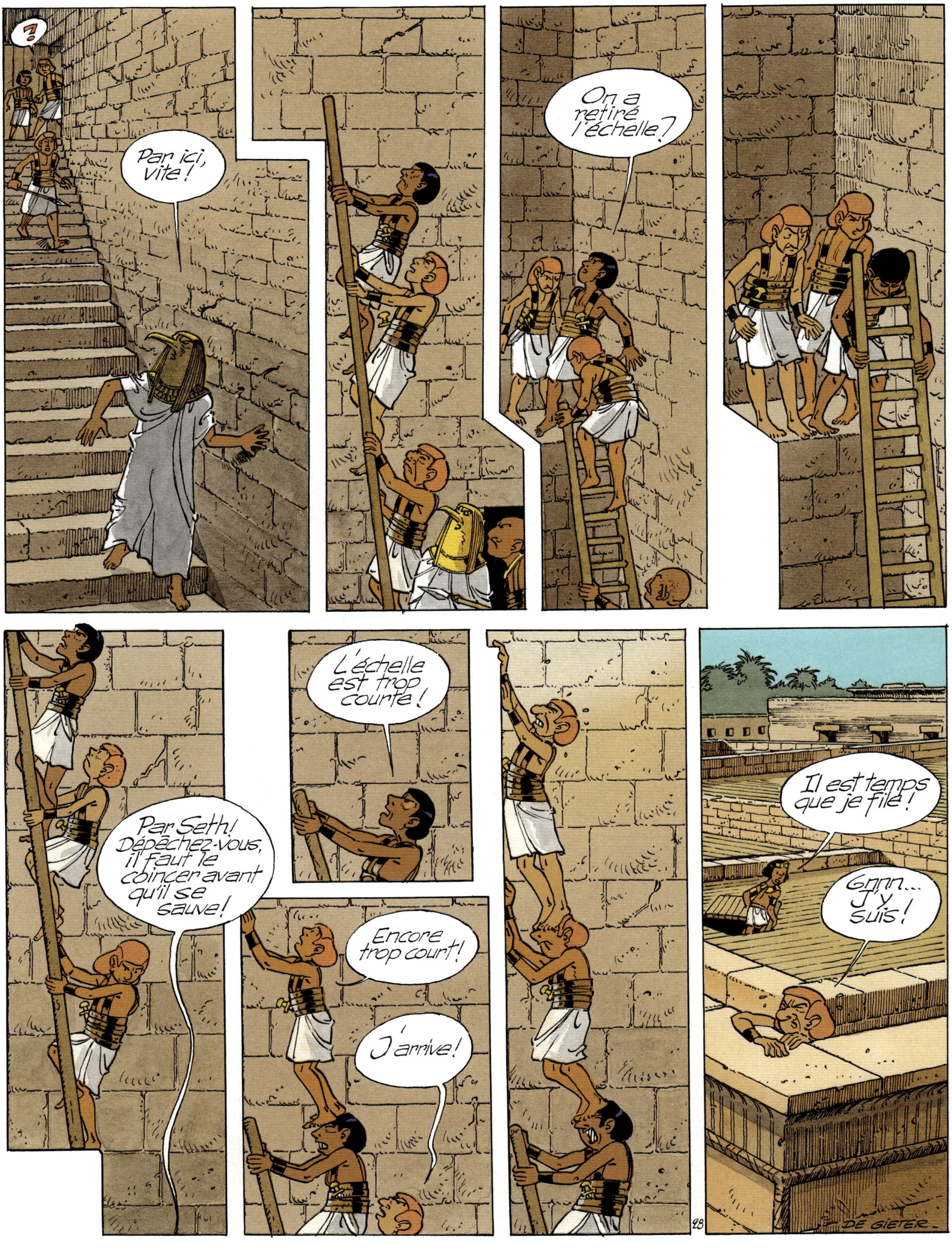
?
Par ici, vite !
On a retiré l'échelle ?
Par Seth! Dépêchez-vous, il faut le coincer avant qu'il se sauve!
L'échelle est trop courte !
Encore trop court!
J'arrive!
Il est temps que je file !
Grnn... J'y suis !
DE GIETER

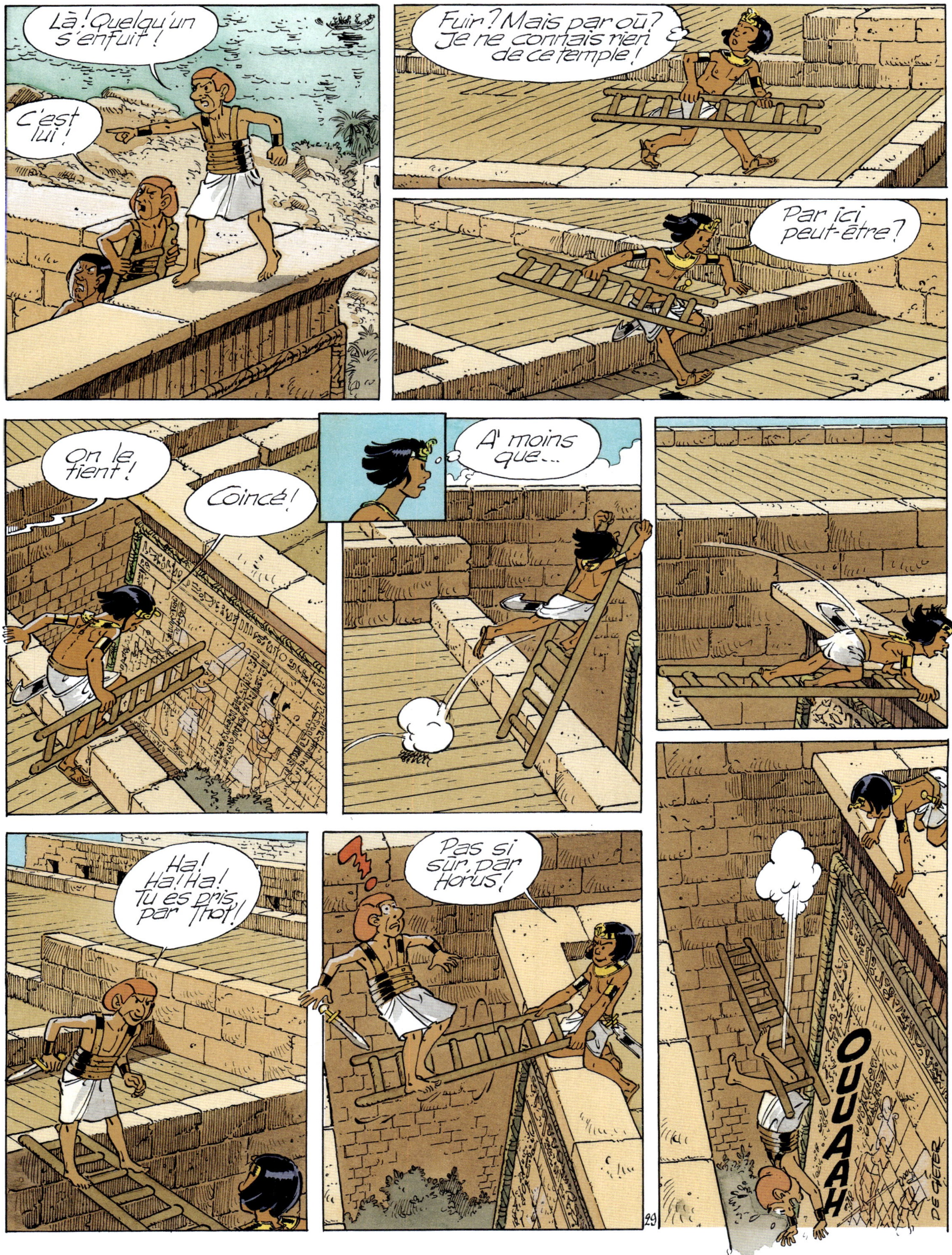
Là ! Quelqu'un s'enfuit !
C'est lui !
Fuir ? Mais par où ? Je ne connais rien de ce temple !
Par ici peut-être ?
On le tient !
Coincé !
A' moins que...
Ha ! Ha ! Ha ! Tu es pris par Thot !
Pas si sûr, par Horus !
OUUAAH
DE GIETER

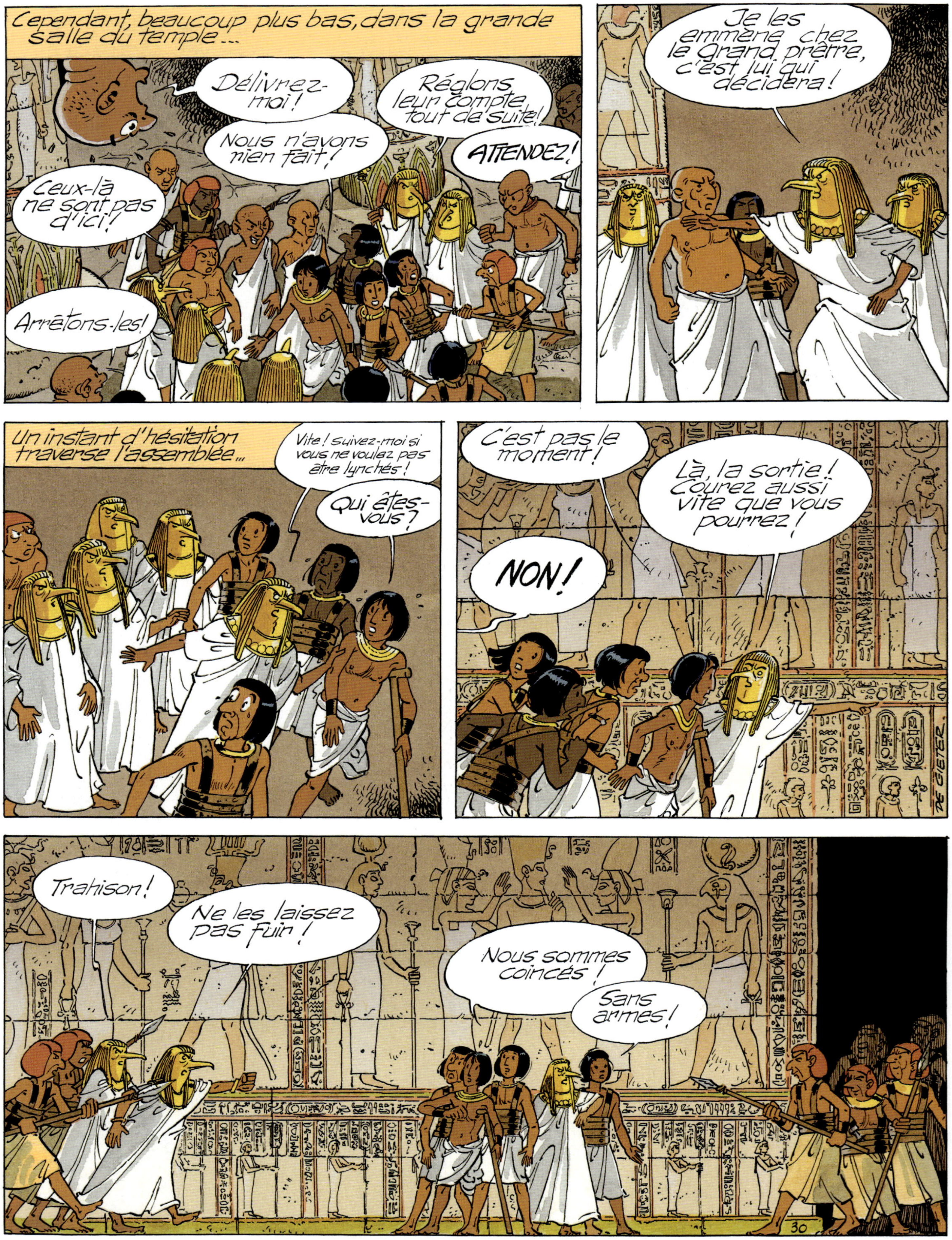

Cependant, beaucoup plus bas, dans la grande salle du temple...
Délivrez-moi !
Réglons leur compte tout de suite !
Nous n'avons rien fait !
ATTENDEZ !
Ceux-là ne sont pas d'ici !
Arrêtons-les !
Je les emmène chez le Grand prêtre, c'est lui qui décidera !
Un instant d'hésitation traverse l'assemblée...
Vite ! suivez-moi si vous ne voulez pas être lynchés !
Qui êtes-vous ?
C'est pas le moment !
Là, la sortie ! Courez aussi vite que vous pourrez !
NON !
DE GIETER
Trahison !
Ne les laissez pas fuir !
Nous sommes coincés !
Sans armes !
30

Sale traître! C'est toi qui nous as attirés dans ce guet-apens pour nous liquider sans témoin!
Non! Non! Lâchez-moi!
CRRAAC
Brusquement, dans un bruit épouvantable, un soldat et une échelle fracassent le plafond et atterrissent parmi les prêtres...
Tandis qu'en écho... C'est Papyrus
CRAAC
qui vient percuter les gardes après avoir pulvérisé le plafond.
BANG
CRAAC
PAPYRUS?
Par Horus! Que faites-vous par ici?
?
Tu n'es pas encore sorti d'ici, canaille! Surpris, hein?

Et ça....
..Tu connais? Le coup de la balançoire!*
Papyrus, d'où sors-tu?
Ha! Ha! J'étais coincé sur le toit face aux soldats. J'ai précipité le premier dans le vide et avant que les autres n'arrivent, je l'ai suivi!
* Je ne suis pas sûr que l'image soit très égyptienne.
Mais que faisais-tu là-haut?
Ben! L'Oracle, c'était moi. Je t'expliquerai!
Dépêchons, il ne faut pas rester ici; d'autres soldats peuvent venir!
OH, NON!
???
DE GIETER . 32

Nous contrôlons la situation. Le temple est cerné, personne ne peut en sortir!
Très bien!
Arrêtez les prêtres de Thot, le Grand-prêtre Rametoui, Amenmès, le frère félon du Roi... et un certain Haya qui pend au plafond de la grande salle. Ils seront jugés à Thèbes!
A vos ordres!
Par Horus! Mais qui êtes-vous?
Vous aimeriez le savoir, jeune homme de peu de foi !?
THÉTI-CHÉRI ?!
Oui, Théti-Chéri! Je vous tiens à l'œil depuis le début. Crois-tu que j'allais te laisser partir comme ça!?
Mais alors?...
Alors quoi?
Tu me pardonnes d'avoir douté de toi?... Tu m'aimes encore...?
Idiot!
33
DE GIETER

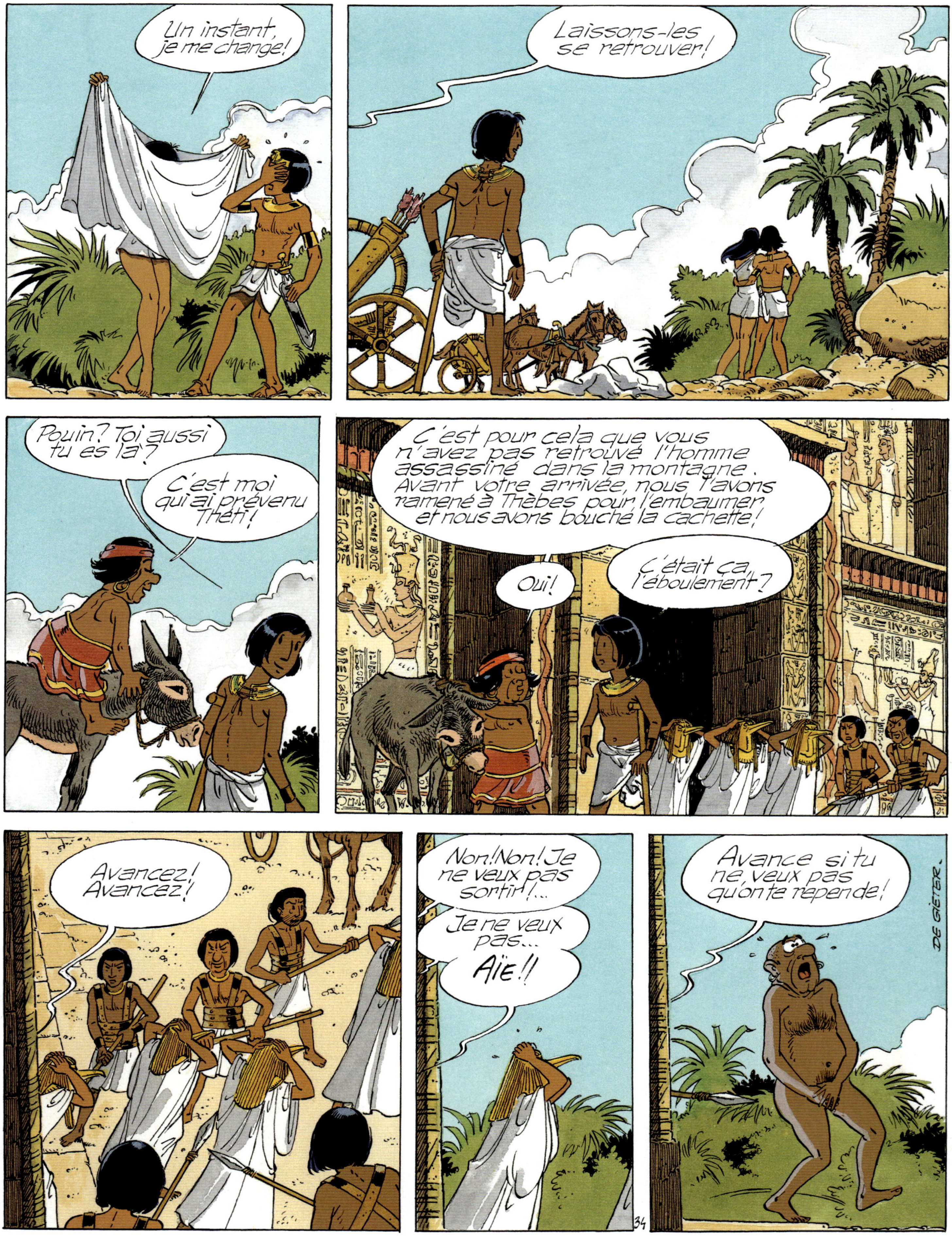
Un instant, je me change!
Laissons-les se retrouver!
Pouin? Toi aussi tu es là?
C'est moi qui ai prévenu Théti!
C'est pour cela que vous n'avez pas retrouvé l'homme assassiné dans la montagne. Avant votre arrivée, nous l'avons ramené à Thèbes pour l'embaumer et nous avons bouché la cachette!
Oui!
C'était ça, l'éboulement?
Avancez! Avancez!
Non! Non! Je ne veux pas sortir!...
Je ne veux pas... Aïe!!
Avance si tu ne veux pas qu'on te rependе!
DE GIETER

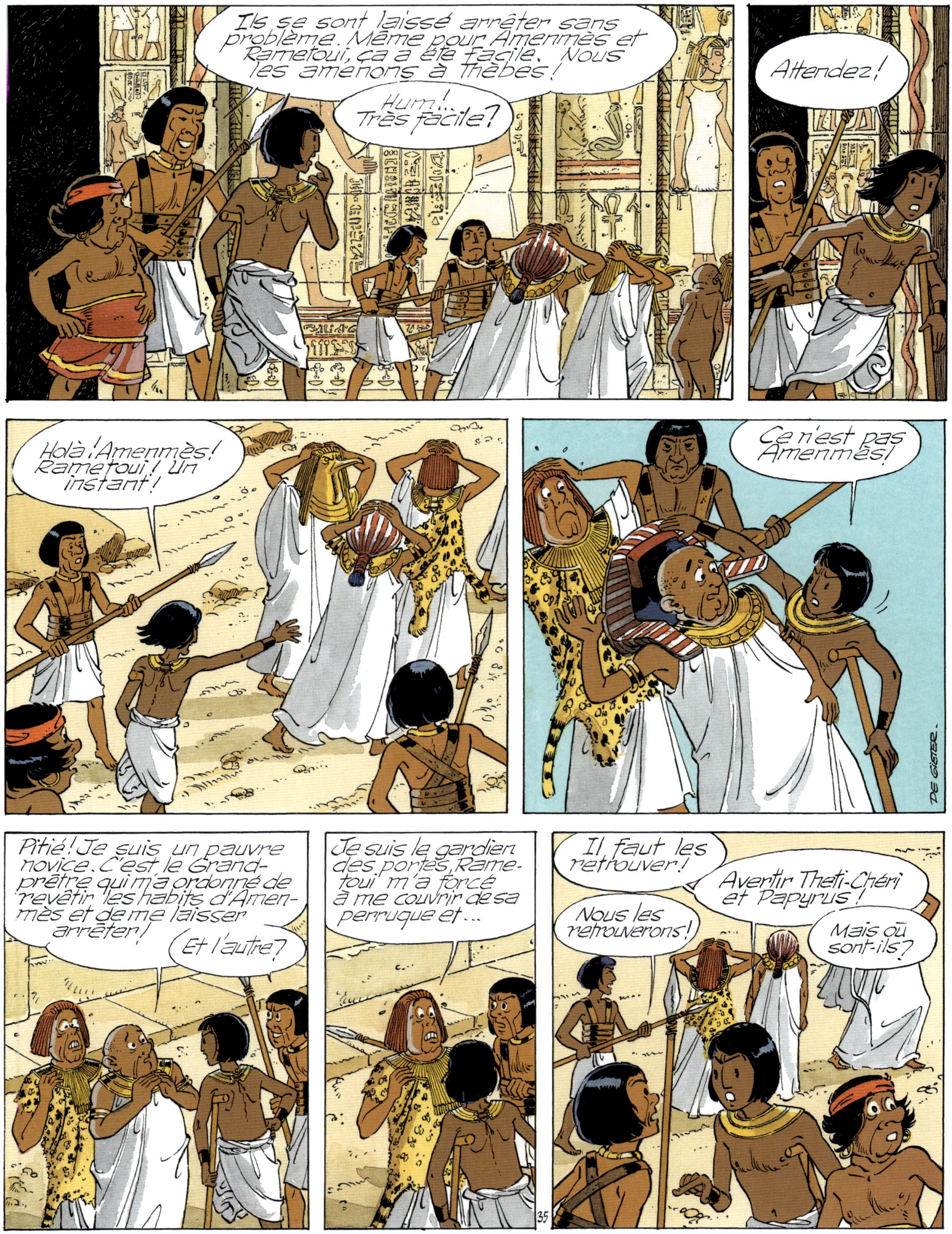
Ils se sont laissé arrêter sans problème. Même pour Amenmès et Rametoui, ça a été facile. Nous les amenons à Thèbes!
Hum!... Très facile?
Attendez!
Holà! Amenmès! Rametoui! Un instant!
Ce n'est pas Amenmès!
DE GIETER
Pitié! Je suis un pauvre novice. C'est le Grand-prêtre qui m'a ordonné de revêtir les habits d'Amenmès et de me laisser arrêter!
Et l'autre?
Je suis le gardien des portes, Rametoui m'a forcé à me couvrir de sa perruque et...
35
Il faut les retrouver!
Avertir Théti-Chéri et Papyrus!
Nous les retrouverons!
Mais où sont-ils?

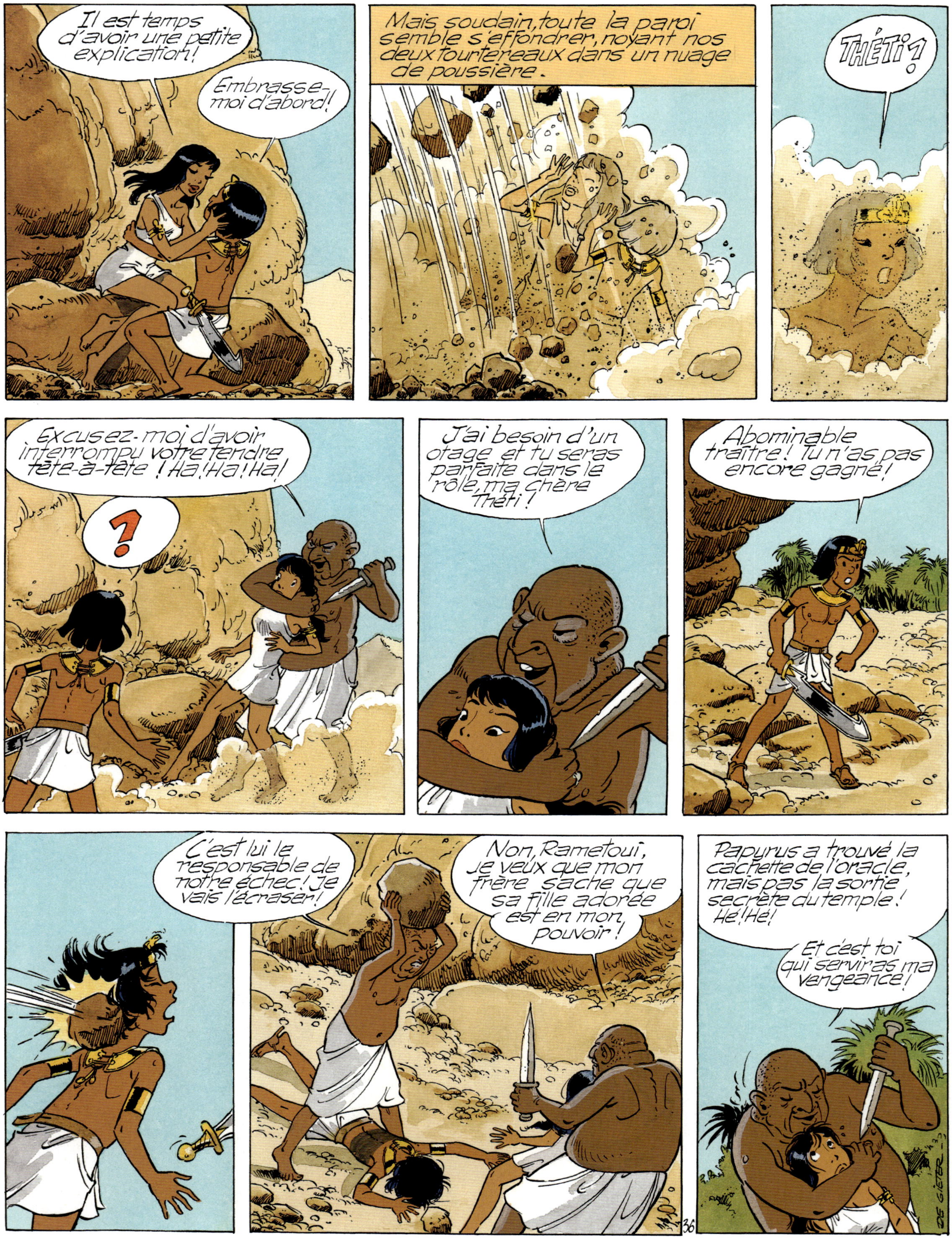
Il est temps d'avoir une petite explication!
Embrasse-moi d'abord!
Mais soudain, toute la paroi semble s'effondrer, noyant nos deux tourtereaux dans un nuage de poussière.
THÉTI?
Excusez-moi d'avoir interrompu votre tendre tête-à-tête! Ha! Ha! Ha!
?
J'ai besoin d'un otage et tu seras parfaite dans le rôle, ma chère Théti!
Abominable traître! Tu n'as pas encore gagné!
C'est lui le responsable de notre échec! Je vais l'écraser!
Non, Rametouï, je veux que mon frère sache que sa fille adorée est en mon pouvoir!
Papyrus a trouvé la cachette de l'oracle, mais pas la sortie secrète du temple! Hé! Hé!
Et c'est toi qui serviras ma vengeance!
36
DE GIETER

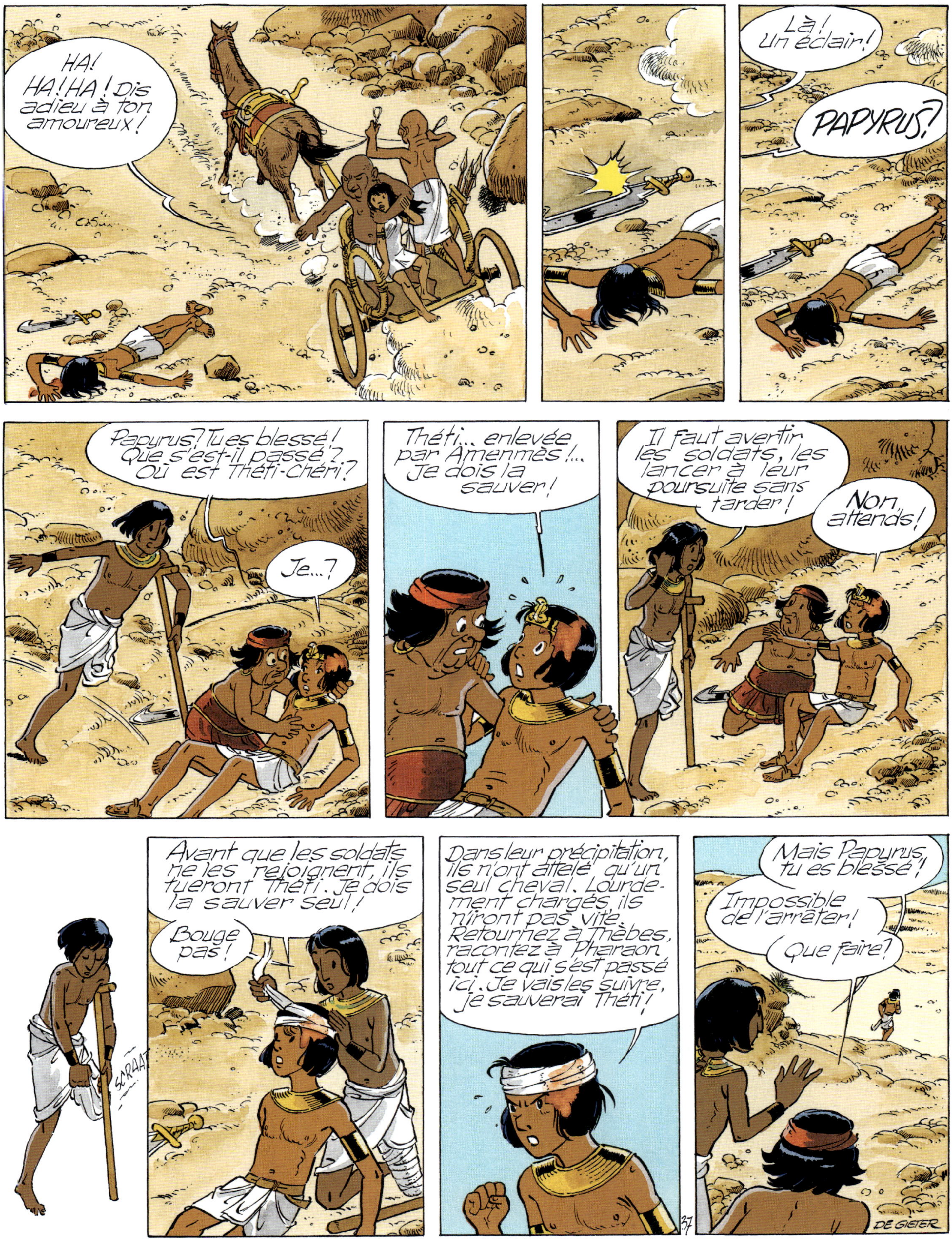
HA! HA! HA! Dis adieu à ton amoureux!
Là! Un éclair!
PAPYRUS?
Papyrus? Tu es blessé! Que s'est-il passé? Où est Théti-Chéri?
Je...?
Théti... enlevée par Amenmès!... Je dois la sauver!
Il faut avertir les soldats, les lancer à leur poursuite sans tarder!
Non attends!
Avant que les soldats ne les rejoignent, ils tueront Théti. Je dois la sauver seul!
Bouge pas!
SCRAAT
Dans leur précipitation, ils n'ont attelé qu'un seul cheval. Lourdement chargés, ils n'iront pas vite. Retournez à Thèbes, racontez à Pharaon tout ce qui s'est passé ici. Je vais les suivre, je sauverai Théti!
Mais Papyrus, tu es blessé!
Impossible de l'arrêter!
Que faire?
DE GIETER

Je retourne à Thèbes, rendre compte à Pharaon. Je reviendrai rapidement. Toi, suis-le à distance, sans te faire remarquer. Tu nous guideras!
Avec Kamelot ce sera facile!
Là!... Un nuage de poussière!
Ils doivent suivre la route du Nord. Dans le sable, le char s'enfoncerait!
Je les rejoindrai à la nuit. Je dois délivrer Théti!
Le voilà!
Mais?... Il titube!.. Il tombe!...
Kamelot, il faut le secourir!...
Non! Il se relève... il repart!...
Ma tête!.. Je dois continuer... ..Sauver Théti!
38 DE GIETER

Une seule pensée obsède le cerveau enfiévré de Papyrus
Je dois les rejoindre... sauver Théti!
Toute la nuit, malgré sa blessure, il poursuit sa quête...
Je dois les rejoindre cette nuit...
...Sauver Théti!
La nuit est faite pour dormir. Demain, il sera temps de rejoindre Papyrus... zzzz...
HA!HA!HA!
Cette fois, je tiens ma vengeance!
Regarde ta tendre amie!
Arrêtez! Je n'en peux plus!
Arrêter... Hé!Hé!
NON! pitié!
Voilà qui est beaucoup mieux! Ha! Ha! Ha!
DE GIETER - 39

PAPYRUS AU SECOURS!
REGARDE!
Il est temps...
...de la supprimer!
RHAAAA
NON
DE GIETER
40

NON
Qu'est-ce que c'est? ... Heu... il fait déjà jour... Je dois retrouver Papyrus!
Un cauchemar! J'ai fait un cauchemar affreux! Je dois retrouver Théti-Chéri!
Et tandis que Papyrus descend vers le Nil...
Au sommet de la falaise.
On a bien fait de s'arrêter pour la nuit, la route est abominable.
Dans le noir, on se serait cassé le cou! La falaise est à pic!
Attention! Elle s'échappe!
Elle est folle, elle va se rompre les reins!
?
DE GIETER. 41

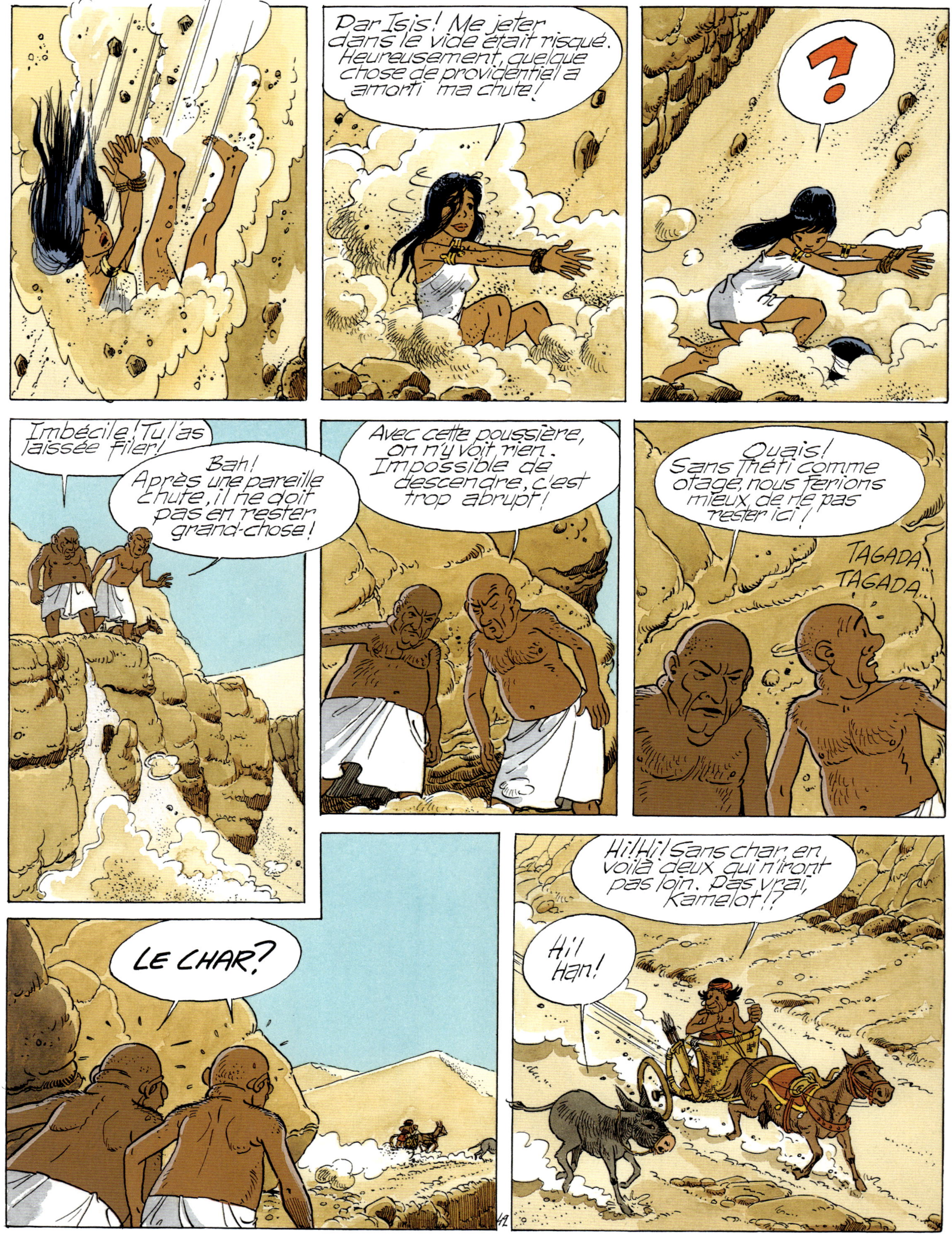
Par Isis! Me jeter dans le vide était risqué. Heureusement, quelque chose de providentiel a amorti ma chute!
?
Imbécile! Tu l'as laissée filer!
Bah! Après une pareille chute, il ne doit pas en rester grand-chose!
Avec cette poussière, on n'y voit rien. Impossible de descendre, c'est trop abrupt!
Ouais! Sans Théti comme otage, nous ferions mieux de ne pas rester ici!
TAGADA TAGADA
LE CHAR?
Hi! Hi! Sans char, en voilà deux qui n'iront pas loin. Pas vrai, Kamelot!?
Hi! Han!

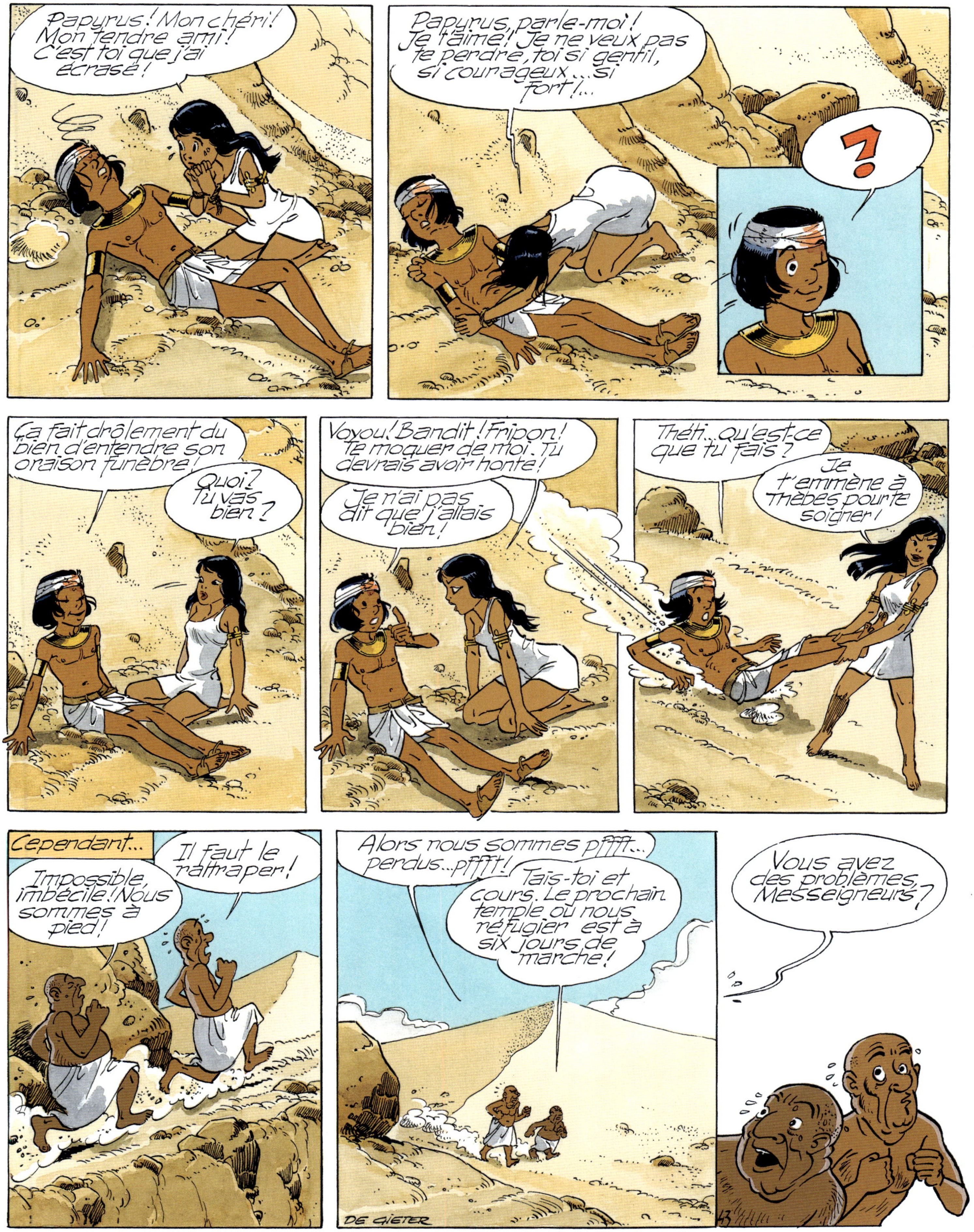
Papyrus ! Mon chéri ! Mon tendre ami ! C'est toi que j'ai écrasé !
Papyrus, parle-moi ! Je t'aime ! Je ne veux pas te perdre, toi si gentil, si courageux... si fort !...
?
Ça fait drôlement du bien d'entendre son oraison funèbre !
Quoi ? Tu vas bien ?
Voyou ! Bandit ! Fripon ! Te moquer de moi. Tu devrais avoir honte !
Je n'ai pas dit que j'allais bien !
Théti... Qu'est-ce que tu fais ?
Je t'emmène à Thèbes pour te soigner !
Cependant...
Il faut le rattraper !
Impossible, imbécile ! Nous sommes à pied !
Alors nous sommes pffft... perdus... pffft !
Tais-toi et cours. Le prochain temple où nous réfugier est à six jours de marche !
Vous avez des problèmes, Messeigneurs ?
DE GIETER

Quelle abomination ! Laisser Amenmès et le Grand-prêtre Rametoui sans escorte, sans char !...
Vous n'avez pas le droit !
Merenptah, vie, force, santé, a donné des ordres !
Imhoutep ! Attends !
Pouin ?
Il faut sauver Théti ! Je l'ai vue se jeter du haut de la falaise !
Ouais, je sais ! Jette plutôt un coup d'oeil du côté du Nil !
Par Horus !
Théti et Papyrus se battent !
Mais non, plus à droite !
Voilà deux amoureux qui demandent à être seuls !
FIN
DE GIETER

PAPYRUS, LE TRENTIÈME !

Un dossier conçu par Julien Moca
avec la collaboration de Lucien de Gieter.

Avant de donner naissance à Papyrus le 24 janvier 1974 dans les pages du journal Spirou n°1867, Lucien de Gieter était « designer industriel », mais « le plaisir et l'envie de concevoir et de fabriquer quelque chose » lui-même ainsi que sa passion pour l'Égypte l'ont poussé vers les éditions de Marcinelle. Quelques années vont néanmoins s'écouler entre l'arrivée de Lucien de Gieter chez Dupuis et la naissance de son personnage.

Dans ses premières aventures, Papyrus n'est qu'un simple paysan mais il devient rapidement fils de jardinier de pharaon : on passe donc du conte de fée où la princesse épouse le paysan à un récit un peu plus crédible où le destin va conduire ce bambin à devenir le protecteur de Théti-Chéri, fille de pharaon.

Ce n'est qu'après avoir dessiné *La vengeance des Ramsès*, le septième album de la série, que De Gieter part pour la première fois en Égypte, sur les traces de son héros. Depuis, il y est retourné sept fois pour parfaire sa connaissance du monde antique.

Au-delà de l'aspect romanesque de l'œuvre, la série *Papyrus* est historiquement remarquable ! Lucien De Gieter offre en effet une véritable leçon d'histoire toute en douceur à ses lecteurs car même si les ressorts scénaristiques qu'utilise l'auteur sont souvent empreints au fantastique, la «Grande Histoire» n'est jamais loin. C'est ce que nous allons vous démontrer au travers des pages de ce dossier divisé en 7 thèmes :

1. Pharaon
2. Les cultes
3. La mort ou la seconde vie des Égyptiens
4. Des bâtisseurs
5. L'art officiel
6. L'écriture
7. Contes et légendes

Bonne lecture !

1. PHARAON

LES POUVOIRS DE PHARAON

Pharaon est le souverain de la Haute et de la Basse-Égypte. C'est un dieu vivant. Il est chargé de protéger son peuple. Son pouvoir est immense puisqu'il couvre, à la fois, le politique, le religieux et le militaire. Sa tenue d'apparat symbolise toute sa puissance. Ainsi, lors de cérémonies officielles, il est souvent coiffé d'une double couronne, *le pschent*, symbolisant les deux Égypte et dans ses mains il tient alors le sceptre et le fouet, symboles de son pouvoir.

Tous les 30 ans, Pharaon devait se soumettre à un jubilé, aussi appelé fête de l'heb-sed. Dans *La métamorphose d'Imhotep*, Chepseska, le grand prêtre de Memphis rappelle à Papyrus et Théti que « la date du jubilé est sacrée et le roi doit à cette occasion montrer qu'il est toujours capable de tenir fermement le pouvoir ». Devant le clergé, l'armée et le peuple rassemblés, il devait, « en courant, suivre trois fois le périmètre tracé par les prêtres autour des bornes de la grande esplanade, au pied de la pyramide » puis tirer quatre flèches en direction des quatre points cardinaux. S'il échouait, il devait alors désigner un corégent.

MERENPTAH

Quand De Gieter débute les aventures de Papyrus, il ne se soucie que très peu du contexte historique. Son premier cycle est en effet basé sur des aventures fantastiques, il n'a donc aucun besoin de cadrer historiquement son récit. Il faut donc attendre le quatrième album, *Le tombeau de Pharaon*, pour que le père de Théti-Chéri soit enfin nommé. On le découvre alors sous le nom de Merenré. Ce pharaon très peu connu a réellement existé puisqu'il appartient à la VIe dynastie et aurait régné de -2283 à -2278. Le choix de ce personnage limite néanmoins les possibilités scénaristiques : Papyrus ne peut en effet découvrir les monuments édifiés après le règne de ce pharaon.

À partir du septième album De Gieter décide donc de placer le cadre de son histoire sous le règne de Merenptah. En choisissant ce pharaon de la XIXe dynastie, l'auteur n'a plus les mêmes contraintes qu'avec Merenré. L'Égypte Antique a en effet déjà vécu une grande partie de son histoire. Par ailleurs, ce personnage, en plus d'être le fils d'un illustre pharaon qu'est Ramsès II, est lui-même connu du grand public, permettant ainsi à l'auteur de jouer davantage entre l'histoire et l'Histoire. Treizième fils du grand Ramsès et d'Isetnéfret, il régna de -1213 à -1204, soit seulement huit ans. De plus, lorsqu'il monte sur le trône, il a déjà une soixantaine d'années, il est très âgé pour l'époque. L'âge de pharaon n'est cependant pas évoqué dans les aventures de Papyrus mais lorsqu'il s'agit de lui trouver un sosie afin de sauver sa couronne dans *La métamorphose d'Imhotep,* Théti et Papyrus font appel à un « vieil homme ». Enfin, concernant le règne du vrai Merenptah, il n'y a que très peu d'éléments à relater, si ce n'est la régression militaire de L'Égypte.

LES AUTRES PHARAONS

Si De Gieter a choisi de prendre pour roi un pharaon peu connu afin de faciliter son travail scénaristique, il met tout de même en scène dans ses histoires un certain nombre d'illustres personnages, notamment Toutankhamon dans le dix-septième opus ou encore Akhenaton dans *Le pharaon maudit* pour n'en citer que quelques-uns. Cet album se déroule entièrement à Akhet-Aton, ancienne capitale d'Akhenaton. Cette ville fut complètement abandonnée par les égyptiens à la mort de ce pharaon maudit qui régna de -1372 à -1354 comme on peut le découvrir au fil des pages. Il fut jugé comme « hérétique et rayé des annales royales » pour avoir rejeté le traditionnel polythéisme et instauré le culte d'un dieu unique : *Aton*. Quant à Toutankhamon, fils d'Akhenaton, on le découvre dans *Le pharaon assassiné* essentiellement au travers des souvenirs de sa compagne, la grande épouse Ankhsenamon. Si ce pharaon qui mourut très jeune et ne régna qu'une dizaine d'années, de -1354 à -1346, est si connu du grand public, c'est grâce à son célèbre tombeau découvert en 1922 par l'égyptologue Howard Carter. C'est d'ailleurs autour de cet inestimable trésor que tourne l'intrigue de cet album.

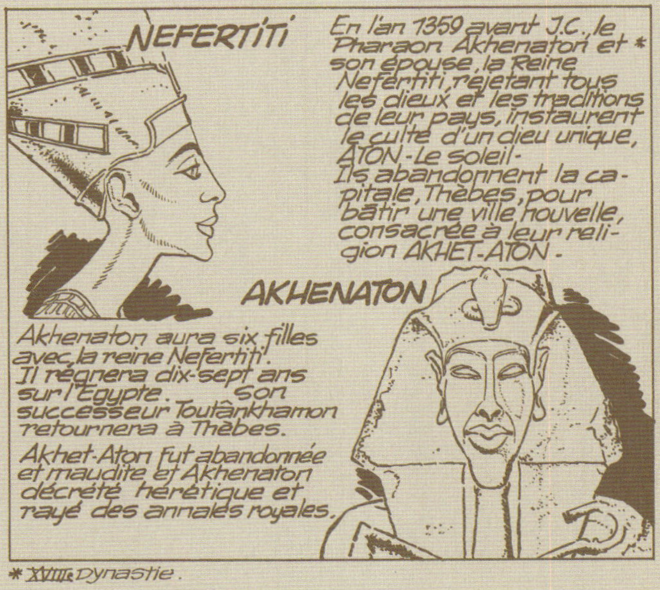

2. LES CULTES

LA RELIGION

La religion égyptienne est une religion polythéiste. Il existe autant de cultes que de dieux mais tous n'ont pas la même importance. Les principales divinités sont solaires, Amon et Rê étant les plus connues.

Et même lorsque Akhenaton met en place sa religion monothéiste, comme le rappelle De Gieter dans *Le pharaon maudit*, ce dernier choisit comme dieu unique Aton, autre divinité solaire. À l'époque de Papyrus, sous le règne de Merenptah, plus d'un siècle s'est écoulé depuis la mort d'Akhenaton. Le culte d'Aton ne lui a pas survécu. Amon est de nouveau la principale divinité solaire. C'est à Karnak, non loin de Thèbes, la capitale, que s'exerce essentiellement son culte. Ce sanctuaire est d'ailleurs le théâtre de nombreuses aventures de Papyrus : *L'enfant hiéroglyphe, Le seigneur des crocodiles, L'œil de Ré, La prisonnière de Sekhmet, La vengeance des Ramsès* ainsi que *La fureur des dieux*.

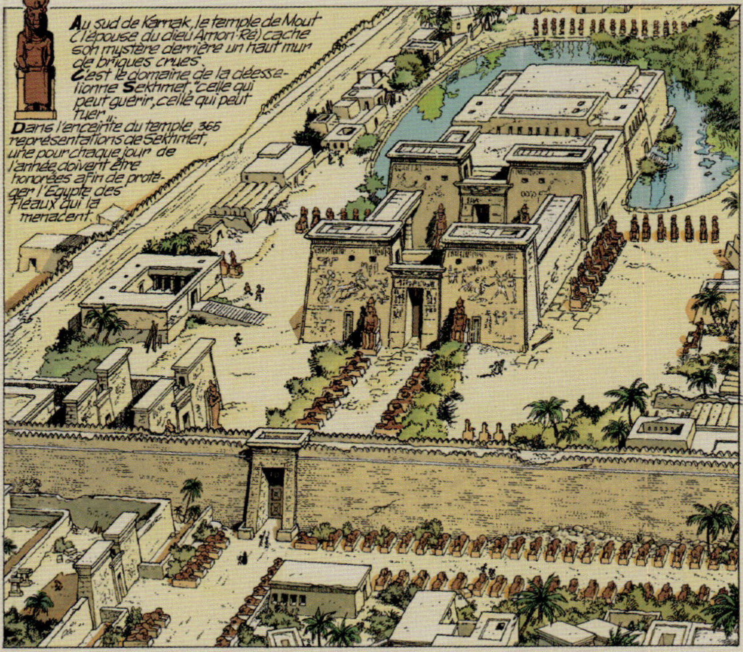

Les temples

Les temples sont les maisons des dieux. Situés dans des sanctuaires ils sont séparés du monde par de grands murs derrière lesquels se cachent aussi des ateliers, des habitations et un lac sacré. Certaines zones du sanctuaire sont interdites aux profanes. Dans *L'enfant hiéroglyphe*, Papyrus se voit ainsi refusé par le grand prêtre Amon l'accès au temple, réservé au clergé. Le clergé d'Amon était riche et puissant. Outre les trésors ornant les temples, ce clergé possédait de nombreux biens et à l'époque de Ramsès III, avait plus de 80 000 personnes à son service. L'accès au temple d'Amon était interdit à la population, hormis à l'occasion du nouvel an égyptien, lors de la fête de l'Opet pendant laquelle le peuple pouvait voir défiler les barques sacrées portant les tabernacles voilés cachant les statues des divinités. Cette procession qui voyait « Amon-Ré quitter son temple de Karnak pour se rendre en grande procession à Louxor, pour rencontrer la déesse Mout et son fils Konsou » est le prétexte de *L'œil de Ré*, dix-huitième aventure de Papyrus. Cette procession est une véritable fête populaire au cours de laquelle le peuple s'amuse, joue de la musique, danse et chante.

Ces sanctuaires pouvaient être immenses : à Karnak, celui d'Amon s'étendait sur une superficie de plus de 30 hectares. Sur le même site, deux autres sanctuaires, plus petits, furent érigés : celui de Montou (2,5 hectares) et de Mout (9,5 hectares) dans lequel Théti-Chéri sera retenue prisonnière par le grand prêtre devenu fou dans *La prisonnière de Sekhmet*.

Les prêtres

Les prêtres sont les gardiens des temples. Ce sont les serviteurs de pharaon, chef spirituel de l'Égypte. Ils proviennent de différentes catégories sociales et selon leur rang d'origine, leur carrière sera différente. Mais une constante existe, on est souvent prêtre de père en fils. C'est notamment le cas d'Hapou, personnage secondaire récurrent de la série (voir *L'enfant hiéroglyphe*). Les femmes aussi participent au culte divin, ce n'est pas un privilège masculin, citons pour exemple les chanteuses d'Amon. Dès leur plus jeune âge, les prêtres suivent une éducation basée sur la connaissance des dieux avant de recevoir le costume sacerdotal : un pagne long alors que le torse reste nu. Ils sont aussi intégralement rasés. Hérodote, le père de l'Histoire nous apprend ainsi que « tous les trois jours, les prêtres se rasent le corps entier afin que ni pou ni vermine ne les souillent pendant qu'ils servent les dieux ». Plusieurs fois par jour, avant leur sacerdoce, les prêtres venaient aussi se purifier dans les eaux sacrées du lac.

3. LA MORT

OU LA SECONDE VIE DES ÉGYPTIENS

LA PRÉPARATION À L'ÉTERNITÉ

Comme dans de nombreuses religions moins anciennes, les égyptiens pensaient qu'il y avait une vie après la mort. Cette vie semblait si importante qu'elle était au cœur de la vie terrestre.

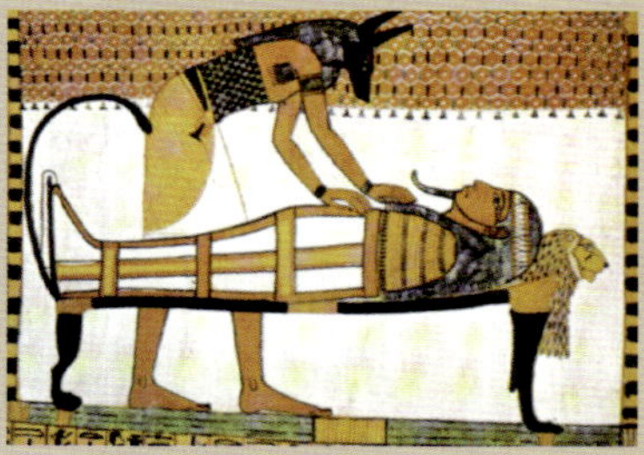

Quand on évoque, aujourd'hui, la civilisation égyptienne antique, on a tendance à associer celle-ci aux pyramides et aux momies, symboles de cette vie après la mort. Nombre de romans ou de films ont d'ailleurs abordé cette thématique qui offre de multiples possibilités scénaristiques : *Le Roman de la momie* de Théophile Gautier, *La vengeance de la momie* de Paul Naschy. Papyrus n'échappe évidemment pas à cette règle. C'est ainsi que le premier album de la série s'intitule *La momie engloutie*. La symbolique est d'autant plus forte que sous les bandelettes de cette momie se cache Théti-Chéri que le lecteur découvre pour la première fois. D'autres momies interviendront dans les aventures de nos héros, notamment dans *Les momies maléfiques* ou encore dans *Les enfants d'Isis*.

La momie avait donc pour vocation de rendre la vie éternelle. Elle nécessitait un travail méticuleux de la part des embaumeurs, qui, à l'image d'Anubis, commençaient par retirer le cerveau à l'aide d'un crochet en le faisant passer par les narines. Puis par une incision on retirait le foie, les intestins et les poumons qui étaient ensuite déposés dans les vases canopes situés à côté du défunt. Après avoir recousu le corps on le déshydratait à l'aide de plantes. Ce n'est qu'à partir de cet instant que l'on pouvait recouvrir le cadavre de bandelettes et terminer la momification. Le corps du défunt était ainsi prêt à traverser les siècles dans son sarcophage situé lui-même, pour certains pharaons des premières dynasties, dans une pyramide.

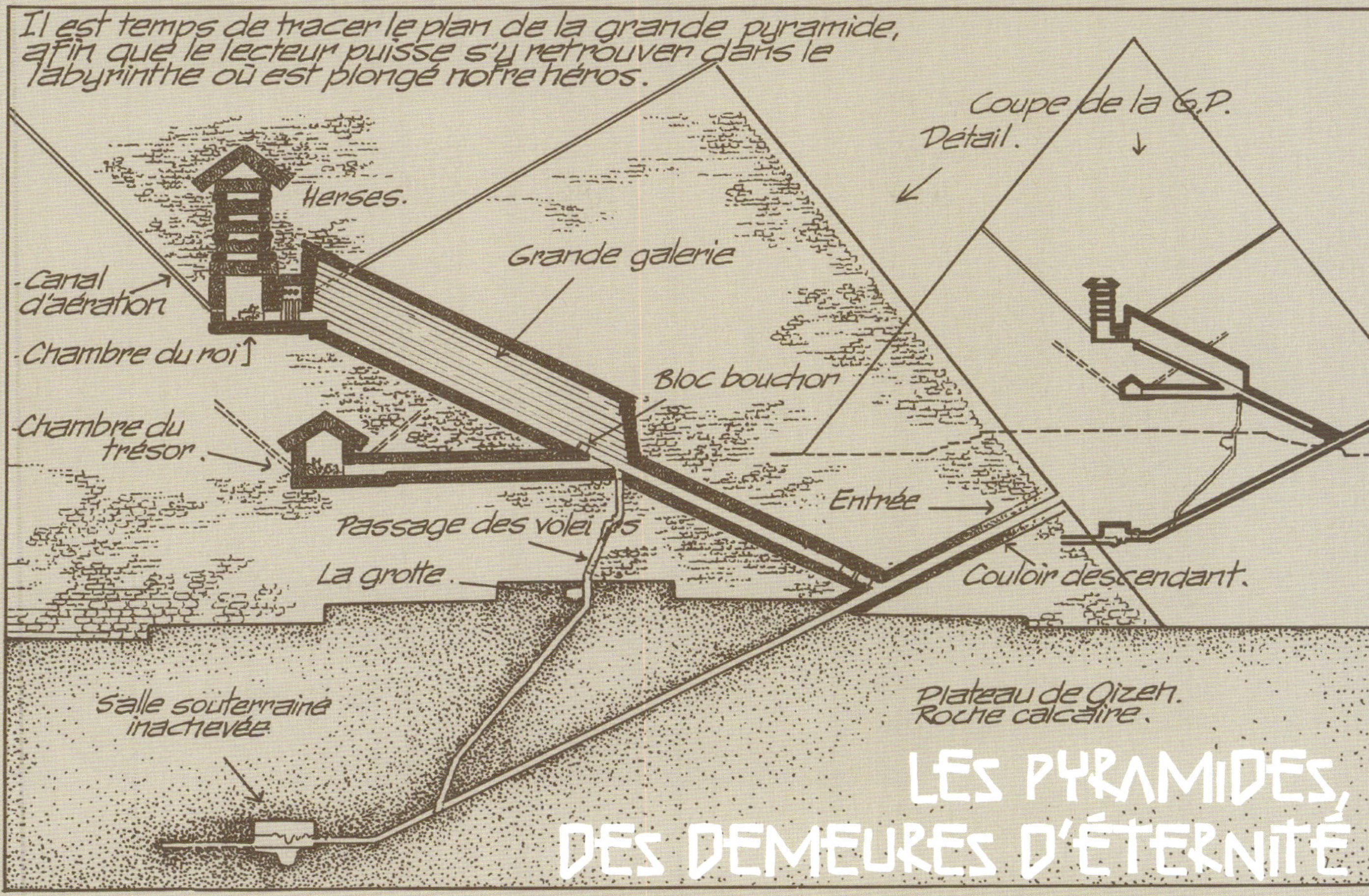

LES PYRAMIDES, DES DEMEURES D'ÉTERNITÉ

S'il y a bien un type de monuments qui symbolise l'Égypte, ce sont les pyramides. Dans *Le talisman de la grande pyramide*, De Gieter les présente comme des « escaliers magiques qui conduisent Pharaon vers le ciel ». Elles devaient en effet permettre à l'âme du défunt de s'élever dans l'au-delà. Également appelées «maisons du Ka», c'est-à-dire maisons du double ou de l'esprit, les pyramides datent de l'Ancien Empire. En effet, sous le Nouvel Empire, les tombes des pharaons étaient construites dans la montagne, en souterrain, face à Thèbes, dans la Vallée des rois. On parle alors d'hypogées. C'est d'ailleurs dans un hypogée que l'on a retrouvé le célèbre trésor de Toutankhamon mis en scène par De Gieter dans *Toutankhamon, le pharaon assassiné*. Les pyramides étaient, quant à elles, constituées de plusieurs « chambres » séparées par des galeries. Dès l'origine, la chambre du trésor attisait les convoitises des voleurs et, bien que les pyramides fussent surveillées par des gardes royaux et munies de pièges, ses chambres ne restèrent que peu de temps inviolées. De Gieter met en scène ces pillards de tombes à plusieurs reprises, notamment dans *Le pharaon maudit* ou encore dans *Toutankhamon, le pharaon assassiné* pour ne prendre que deux exemples.

LE VOYAGE DANS L'AU-DELÀ

Si le corps du défunt restait au cœur de la pyramide, son Kâ allait rejoindre les champs d'Ialou, le paradis des Égyptiens. Mais avant de pouvoir s'y rendre, il devait accomplir un long périple. Après avoir surmonté de nombreux obstacles comme la traversée du royaume des enfers ou encore le franchissement des sept portes (voir *L'enfant hiéroglyphe*), le Kâ devait subir le jugement d'Osiris. Accompagné d'Anubis, il se présentait devant Osiris, lui-même entouré des quatre créateurs du monde Shou et Tefnout (l'air et le feu) ainsi que Geb et Nout (la terre et le ciel). C'est à cet instant que son âme était pesée. Si elle était moins lourde que la plume de Maat alors le Kâ pouvait rejoindre le paradis, dans le cas contraire, il se faisait dévorer par un dieu mi-crocodile, mi-hippopotame.

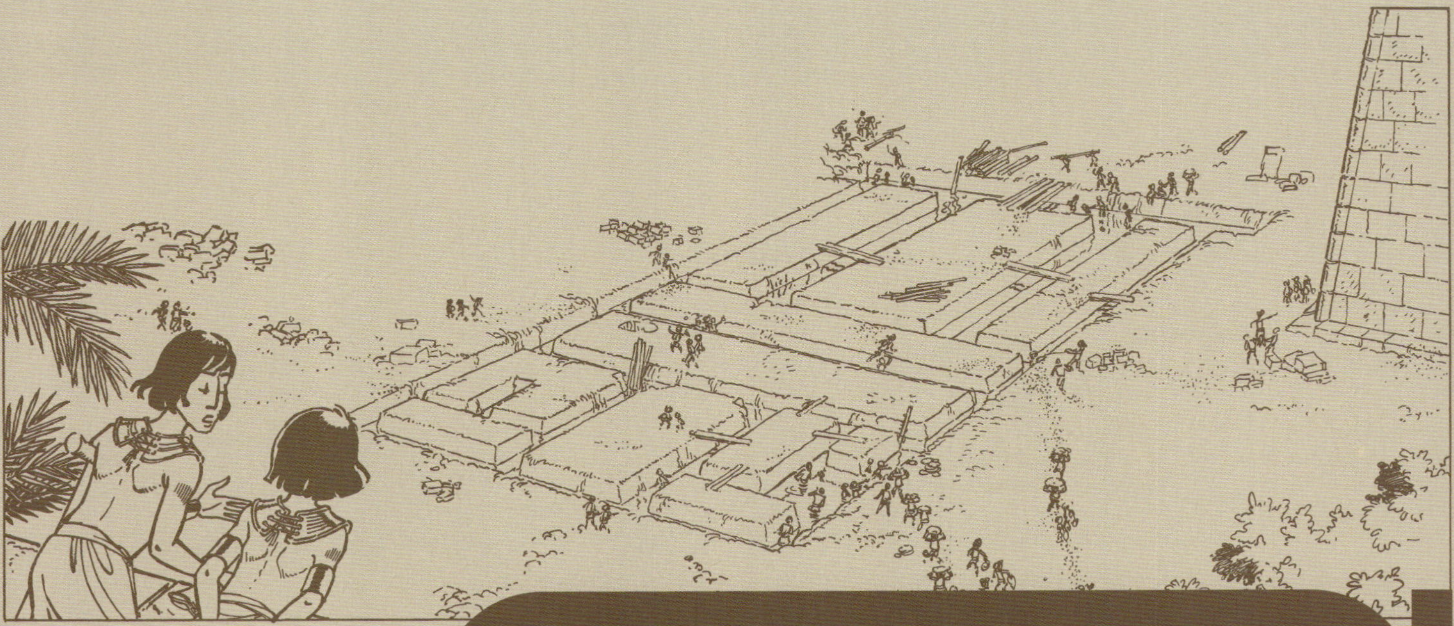

4. DES BÂTISSEURS

UN PETIT TOUR DE L'ÉGYPTE EN 30 ALBUMS !

En plaçant son récit sous le règne de Merenptah, De Gieter s'offre de larges possibilités d'un point de vue architectural. En effet, 1800 ans d'histoire égyptienne se sont déjà écoulés et les constructions se sont multipliées.

Papyrus va ainsi pouvoir découvrir des monuments très anciens comme la première pyramide construite à Saqqara vers -2778 dans *La métamorphose d'Imothep*, mais aussi le Ramesseum dans *La fureur des dieux*, temple qui lui est quasi contemporain puisqu'il honore Ramsès II, père de son roi (de -1305 à -1235). Parmi les autres merveilles que ce jeune héros va découvrir on peut citer Abou Simbel dans *La vengeance des Ramsès*, les colosses de Memnon dans *Les larmes du géant*, Karnak dans *L'enfant hiéroglyphe* ou encore la pyramide de Khéops dans *Le talisman de la grande pyramide* pour ne prendre que quelques exemples. Le peuple de Papyrus est en effet reconnu comme un peuple de bâtisseurs et les monuments culturels et religieux fleurissent le long du Nil.

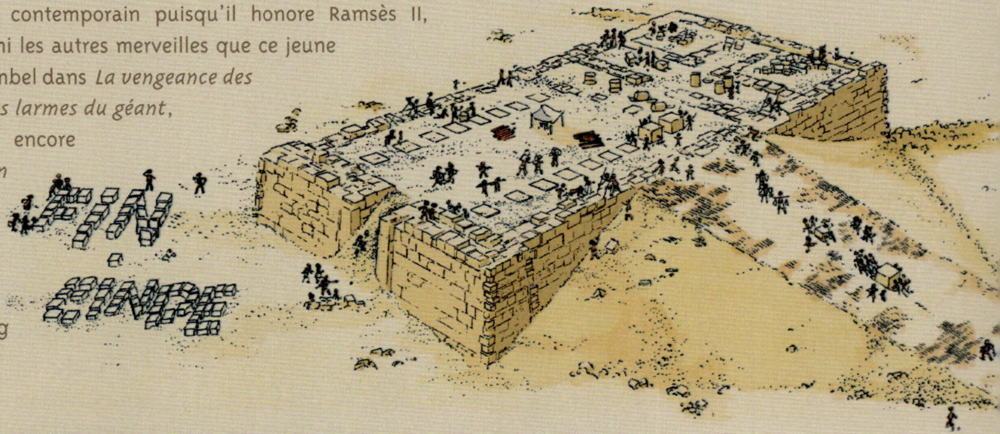

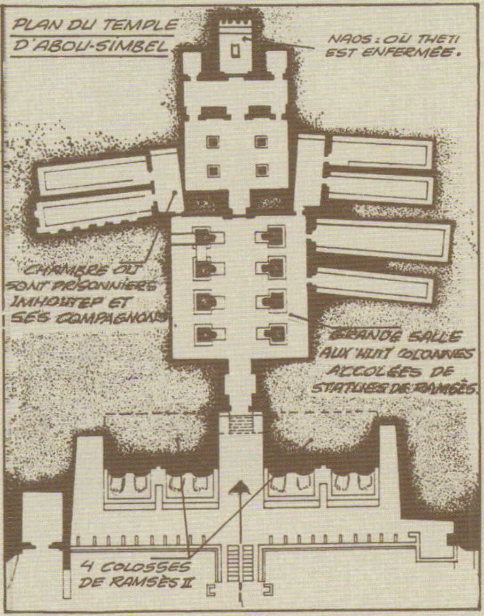

UN VÉRITABLE TRAVAIL D'HISTORIEN

Les représentations monumentales reproduites par De Gieter dans son œuvre sont historiquement remarquables. Tel un historien, l'auteur n'hésite pas à fournir à ses lecteurs, sans entraver le rythme de la narration, des informations sur la construction ou la fonctionnalité des monuments que son héros découvre au fil de ses aventures. Ce faisant, De Gieter, offre à ses lecteurs le plan détaillé des monuments à découvrir et explorer ! C'est notamment le cas pour Abou Simbel dans *La vengeance des Ramsès*, ou pour la pyramide de Khéops dans *Le talisman de la Grande Pyramide*. En professionnel, De Gieter appuie ses récits sur le travail d'égyptologues dont Jean-Claude Golvin et Jean-Claude Goyon. L'auteur s'inspire également de sources archéologiques, notamment dans *La métamorphose d'Imhotep*, lorsqu'il met en scène le déplacement d'une statue de soixante tonnes représentant le père de Théti-Chéri. Ci-dessous, l'auteur renvoie au transport du colosse de Djehoutihetep, pharaon de la XIIe dynastie.

DES MONUMENTS ÉRIGÉS POUR L'ÉTERNITÉ

Ce sont les monuments érigés à la gloire des dieux et des pharaons morts devenus depuis des dieux eux-mêmes, qui subsistent encore aujourd'hui. Rien d'étonnant à cela. Les demeures des dieux étaient en effet édifiées pour l'éternité de leurs hôtes alors que les habitations des Égyptiens, qu'ils soient simples paysans ou pharaons étaient érigées pour des mortels. Elles n'étaient pas construites en vue de perdurer à travers les siècles : les matériaux utilisés, briques en argile, limon, papyrus, résistaient mal à l'usure du temps contrairement aux différents types de pierres employées pour la construction des temples (le calcaire de Tourah, le granit d'Assouan, le grès de Silsileh ou encore le quartzite rouge de Gebel el Ahmar). Les matériaux provenaient donc de carrières mais on pouvait également utiliser les pierres d'un temple laissé à l'abandon ou que l'on voulait voir disparaître comme on peut l'observer dans *L'enfant hiéroglyphe*. L'architecte et ami de Papyrus, Imhotep, attend ainsi les instructions du pharaon pour continuer son ouvrage : soit faire venir les blocs de Silsileh, soit détruire le pylône d'Akhénaton. Dans ce même album, De Gieter nous permet de découvrir quelques techniques architecturales, notamment l'utilisation des nappes phréatiques comme niveau, « ce qui permet d'avoir une horizontalité parfaite », pour reprendre les termes d'Imhotep ainsi que l'utilisation d'un remblai constitué de terre et de briques crues permettant d'apporter les pierres de construction au sommet de l'édifice. Mais s'il est un album à retenir sur ce sujet c'est *L'obélisque*. En effet la trame narrative de cet album tourne entièrement autour de la réalisation de ce monolithe depuis sa sortie de terre jusqu'à son érection devant le temple en passant par son transport terrestre et fluvial avec toutes les difficultés que cela comporte quand on sait qu'un obélisque pèse 350 tonnes environ ! Un véritable chantier pharaonique !

5. L'ART OFFICIEL

LA DÉCORATION DES TEMPLES

Les temples sont les maisons des dieux et rien n'est trop beau pour les satisfaire. Le temple de Karnak est le plus connu d'entre eux et dès l'Antiquité c'est un modèle du genre. D'ailleurs quand Théti-Chéri se transforme en guide touristique pour Papyrus elle s'exclame ainsi : *«Admire Papyrus, le sanctuaire d'Amon, le plus fabuleux temple de l'Égypte»*. Tout y est codifié, tout y a un sens et les décorations soulignent la fonction de chaque salle.

Suivons Théti-Chéri et intéressons-nous à la salle hypostyle, aussi appelée « salle de la royauté », qui aujourd'hui encore est très impressionnante. Sa construction débute en -1375 sous le règne d'Aménophis III. À l'origine, elle ne devait être qu'une simple colonnade allant vers le sanctuaire d'Amon. C'est en fait une véritable œuvre d'art. D'une longueur de 102 mètres et d'une largeur de 53 mètres, elle abrite une forêt de 134 colonnes ayant des chapiteaux d'une circonférence moyenne de 15 mètres. Les couleurs y étaient à l'époque somptueuses. Le pavement du sol symbolise la terre, et le plafond, le ciel. Pour symboliser la nuit, le plafond est recouvert d'étoiles mais lorsqu'il s'agit de représenter le jour alors on y découvre des oiseaux majestueux. La symbolique est la même pour les chapiteaux. Lorsque la salle signifie la nuit, les chapiteaux en forme de fleurs sont fermés, alors qu'ils sont ouverts si la salle est sous le signe de la clarté.

LE MYSTÈRE DU GRAND SPHINX

Le grand sphinx est un des monuments les plus mystérieux de l'Égypte antique. De Gieter s'en inspire pour la vingtième aventure de Papyrus : *La colère du grand sphinx*. Beaucoup d'énigmes tournent encore autour de lui. On se demande toujours, par exemple, qui l'a construit. Gardien des pyramides de Gizeh, il mesure 73 mètres de long et s'élève sur plus de 20 mètres. On a longtemps pensé que sa tête représentait le pharaon Chéphren divinisé tandis que son corps symbolise celui d'un lion, mais rien n'est moins sûr. Si aujourd'hui l'uræus qui ornait son front a disparu, il est toujours coiffé du némès que portaient les pharaons. Quant à son nez et sa barbe, les tirs de soldats d'un sultan mamelouk les ont détruits. Entre ses pattes, Thoutmosis IV y éleva une stèle afin de remercier le sphinx de lui avoir permis d'accéder au pouvoir. En échange, le pharaon et ses successeurs devaient le protéger du sable qui l'ensevelissait. À ses pieds on peut encore découvrir les ruines d'un temple qui lui était dédié.

LES REPRÉSENTATIONS DE PHARAON

L'art officiel a pour vocation de valoriser le pouvoir en place, et bien évidemment son représentant, Pharaon. L'un des exemples les plus frappants concerne la représentation de Ramsès II à Abou Simbel, en Nubie, aux portes de l'Égypte, où se déroule l'intrigue de *La vengeance des Ramsès*. D'ailleurs, quand Papyrus, Théti-Chéri et Imhotep arrivent en barque au pied du temple, ce dernier s'étonne : « Par tous les dieux d'Égypte ! Je n'ai jamais vu pareille splendeur ! ». Prétendument édifié à la gloire des dieux Rê, Amon et Ptah, il glorifie en fait son constructeur, Ramsès II. Les quatre colosses qui ornent d'ailleurs l'entrée du temple et que les voyageurs découvraient en voguant sur le Nil, le représentent. De dimensions pharaoniques, les colosses mesurent vingt mètres de haut et la largeur de leur visage est de plus de quatre mètres. Au centre du portail, entre les quatre colosses, se tient la statue du dieu Horus, qui semble bien petite à côté. À ses pieds, les statues de sa mère, sa femme la reine Néfertari, ses filles et son fils paraissent elles aussi toutes petites.

6. L'ÉCRITURE

LES HIÉROGLYPHES

Tout comme les pyramides, les hiéroglyphes sont un symbole marquant de la civilisation égyptienne. Ils sont d'autant plus importants qu'ils sont devenus pour les égyptologues une source majeure dans leur approche de la civilisation égyptienne depuis que Champollion a réussi, au XIXe siècle, à les déchiffrer en décryptant la célèbre pierre de Rosette.

S'ils ne sont pas les inventeurs de l'écriture, les égyptiens ont eu le mérite de développer cette écriture et d'en faire un remarquable système de communication. Alors que l'écriture ne comptait qu'environ 700 signes à l'époque de Papyrus, l'écriture hiéroglyphique, qui va perdurer pendant 3000 ans, atteint 6000 signes à sa fin, avant de devenir muette pendant près de quatorze siècles. Si tous ces signes sont figuratifs puisque chacun d'entre eux représente un objet (voir la couverture de *L'enfant hiéroglyphe*), il existe trois types de hiéroglyphes : les idéogrammes, les phonogrammes et les déterminatifs. Les idéogrammes symbolisent l'objet lui-même, les phonogrammes, un son alors que les déterminatifs indiquent le champ lexical auquel appartient le mot.

Le hiéroglyphe est une écriture sacrée et se retrouve principalement gravée sur les murs des temples, comme à Karnak mais aussi dans des complexes funéraires ou encore sur des matériaux périssables. Mais, au quotidien, cette écriture n'était pas aisée si bien que pour la rédaction d'actes administratifs on inventa une autre écriture plus adéquate, le hiératique, qui fut lui même remplacé par une écriture encore plus simple : le démotique.

LES SCRIBES

Les scribes forment une caste majeure dans la société égyptienne. Ils sont un rouage essentiel dans une société fortement administrée comme l'était la société égyptienne antique. Le pouvoir de pharaon s'appuyait en effet sur une administration efficace. Ces lettrés avaient une place enviable et leur fonction se transmettait très souvent de père en fils. À l'origine ils ne se recrutaient que dans l'entourage de la famille royale. Mais en se développant suite à la multiplication des emplois, cette caste devint très disparate. Certains s'occupaient par exemple de la comptabilité de petits temples alors que les scribes royaux entouraient le pharaon.

Les scribes, placés sous la protection du dieu Thot étudiaient dès le plus jeune âge dans les « maisons de vie ». On leur enseignait, pendant plus de 10 ans les hiéroglyphes et le hiératique mais aussi la grammaire, la comptabilité, les langues étrangères, le droit ou encore l'histoire et la géographie.

LE MATÉRIEL DES SCRIBES

Si les textes sacrés sont gravés dans la pierre, il n'en est pas de même pour la comptabilité de pharaon ni pour tout autre acte administratif rédigé sur un support tel que les ostraca (tessons de poterie), les parchemins ou encore les tablettes de bois. Mais le plus connu d'entre eux demeure le papyrus. Ce n'est donc pas un hasard si De Gieter a choisi ce même nom pour désigner son personnage principal et pour intituler sa série. Les papyrus se présentaient sous forme de rouleaux plus ou moins longs. On écrivait dessus à l'aide d'un petit morceau de roseau taillé, appelé calame. Dans *L'enfant hiéroglyphe*, c'est d'ailleurs un rouleau de papyrus qui sert de nœud à l'intrigue.

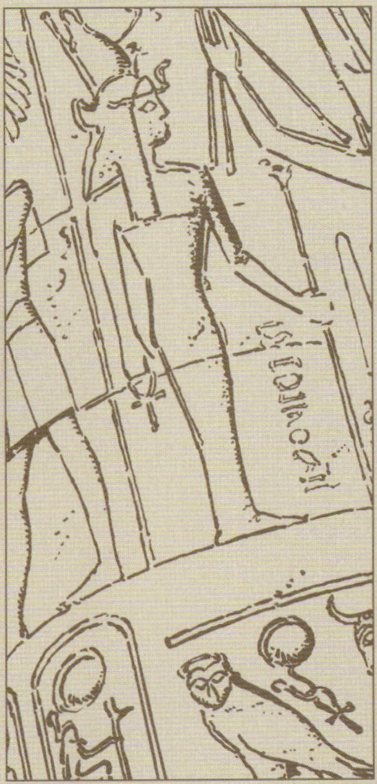

7. CONTES ET LÉGENDES

LA MYTHOLOGIE ÉGYPTIENNE

Les mythes et légendes sont des contes populaires que l'on transmet traditionnellement de bouche à oreille. Ils sont destinés à être racontés plutôt qu'à être lus. On n'en connaît d'ailleurs pas toujours les auteurs étant donné qu'il n'existe aucune trace écrite des premières sources.

Il arrive aussi bien souvent que les sources se confondent, se superposent et s'entrecroisent et que naisse, alors, de plusieurs histoires, un nouveau mythe. Chaque civilisation a sa propre mythologie et l'Égypte n'échappe bien évidemment pas à cette règle, sa religion fourmillant de mythes et légendes.

On a retrouvé des légendes sur des papyrus et d'autres, gravées dans la pierre. C'est notamment le cas de la légende qui porte sur l'accession au trône de Thoutmosis IV et qui est prétexte à l'intrigue de *La colère du grand sphinx*. Le pharaon fit lui-même installer entre les pattes du colosse une stèle en granit rose révélant son songe et légitimant son pouvoir. Alors qu'il dormait à l'ombre du grand sphinx, le dieu Harmakhis lui apparut en rêve. Il lui proposa alors le trône d'Égypte si en échange Thoutmosis assurait le désensablement du monument. Le futur roi exécuta la mission et devint pharaon.

LA MYTHOLOGIE GRECQUE

De Gieter s'inspire aussi à plusieurs reprises de la mythologie grecque. Dans *Le labyrinthe*, l'auteur évoque la légende du Minotaure, fils adultérin de la reine de Crète Pasiphaé, épouse de Minos, et d'un taureau blanc. Ce monstre à corps d'homme et tête de taureau était enfermé dans un labyrinthe. Chaque année, la cité d'Athènes devait fournir comme tribut 7 jeunes garçons et 7 jeunes filles que le monstre dévorait. La légende raconte que c'est Thésée, aidé du fil d'Ariane, qui tua le Minotaure. Dans *Le labyrinthe* De Gieter se réapproprie le mythe et c'est Papyrus qui, aidé d'une autre Ariane, vient à bout du Minotaure.

Les albums *L'île cyclope* et *Le cheval de Troie* font quant à eux référence à deux épisodes de *L'Iliade et L'Odyssée*, poèmes épiques écrits par Homère au VIIIe siècle avant J.-C. Le premier raconte la guerre de Troie et le second le retour difficile d'Ulysse à Ithaque. De Gieter déforme l'histoire d'Homère afin de permettre à Papyrus de rencontrer Ulysse sur *L'île cyclope* ! Puis dans *Le Cheval de Troie*, le petit égyptien retrouve les fragments du célèbre cheval de bois qui permit à Ulysse et ses hommes de pénétrer dans la ville que les Grecs tentaient, en vain, d'assiéger depuis dix ans.

ROMÉO ET LE MASQUE DE FER

De Gieter s'inspire enfin de grands classiques de la littérature européenne. *Le masque d'Horus*, vingt-sixième tome de la série fait bien évidemment référence au masque de fer, personnage historique réel rendu célèbre par le romancier Alexandre Dumas dans *Le Vicomte de Bragelonne* (1848). Les hypothèses sur sa véritable identité sont très nombreuses. La plus connue d'entre elles mais aussi l'une des moins vraisemblables est celle reprise par Dumas et dont s'inspire De Gieter. L'un et l'autre en font le frère jumeau d'une personne de sang royal. Pour Alexandre Dumas, le masque de fer n'est autre que le frère de Louis XIV alors que pour De Gieter, il s'agit du frère de Théti-Chéri. Rien d'étonnant à ce que ce soit cette hypothèse qui ait servi de point de départ aux deux narrateurs puisque d'un point de vue romanesque c'est la plus foisonnante.

Enfin, l'album *Les enfants d'Isis* est un hommage au drame shakespearien Roméo et Juliette. Jouée pour la première fois le 29 Janvier 1595 cette pièce de théâtre mettait en scène deux jeunes amants dont l'amour était rendu impossible par la confrontation séculaire qui opposait leurs deux familles. Dans cet album, De Gieter fait de nombreuses références à l'intrigue écrite par Shakespeare. Papyrus et Roméo sont, tous deux, contraints à l'exil et celles qu'ils aiment sont promises à d'autres qu'eux : Juliette à Paris et Théti au Prince de Mitanni. Afin d'éviter le mariage et de retrouver secrètement leurs amants les deux jeunes femmes vont absorber une potion les faisant passer pour mortes, Roméo et Papyrus devant les retrouver peu après. Si Shakespeare conclut sa pièce de manière dramatique, De Gieter préfère terminer son album sur une note bien plus positive. À la fin du récit, nos deux héros peuvent enfin laisser éclater leur amour au grand jour ! On attendait ça depuis 30 ans !

CONCLUSION

Vous ne pouvez plus en douter : la série *Papyrus* regorge d'un grand nombre d'informations historiques. Il ne vous reste donc plus qu'à lire et/ou relire les trente albums de la série afin de découvrir les richesses de la civilisation égyptienne. Et si vous n'avez pas les trente albums dans votre bibliothèque, vous connaissez la célèbre formule : « ils sont en vente dans toutes les bonnes librairies » Courrez-y vite !

Ce n'est donc pas par hasard que Papyrus se retrouve sur les bancs de l'école, ou plus exactement, dans les bacs des CDI ou dans les manuels scolaires. De plus en plus de professeurs d'histoire, passionnés du neuvième art, n'hésitent plus en effet à aborder l'Histoire égyptienne par le biais de la série.

Par ailleurs, pour tous les amoureux de la série, sachez qu'il existe une exposition consacrée à Papyrus et réalisée par l'auteur lui-même. Enfin, nous vous conseillons trois livres qui sont consacrés à Papyrus :

- *Papyrus et Pop Art : archéologie, Histoire de l'art et Bande Dessinée, publié à l'occasion de l'exposition éponyme et qui se tint à Nivelles du 17 au 30 octobre 1987.*
- *Images de l'Égypte ancienne (dir. Thiebaut), édité par les collèges Diderot et Proudhon, 1987.*
- *L'Égypte dans la Bande Dessinée (dir. Groensteen), coédité par le CNBDI, 1999.*

SPIROU